Impressum

Herausgeber/ Redaktion/ Layout:

Texte:

Bildnachweis Titelseite:

Herstellung und Verlag:
BoD – Books on Demand, Norderstedt
ISBN 978-3-7431-7360-6

Inhalt

Der professionelle Blick...

... auf die schulische Praxis steht im Zentrum der universitären Vorbereitung, Begleitung und Nachbereitung des Praxissemesters, das Studierende im Lehramt über eine Zeitspanne von fünf Monaten in der Schule absolvieren.

Im Zuge der Nachbereitung des Praxissemesters präsentieren die Studierenden eine in der Schule erlebte Situation, die sie theoriegeleitet reflektieren und analysieren. Exemplarische Analysen unterschiedlicher Situationen werden Ihnen im Anschluss an einen Artikel, der das Verhältnis von Theorie und Praxis aus der Perspektive von Studierenden nach dem Praxissemester im Allgemeinen thematisiert, vorgestellt.

An dem Zustandekommen dieser Broschüre wirkten viele engagierte Studierende mit. Für diese produktive Zusammenarbeit sei herzlich Dank gesagt:

- Den Autorinnen, die ihre Präsentationen für diese Broschüre verschriftlicht haben,
- Eva Lamberts, Heike Friedebold, Julia Wolff, Laura Düllmann und weiteren für die Teilnahme an einer themenbezogenen Gruppendiskussion,
- Rico Dumcke für die Erstellung des Titelbildes und weiterer Fotos sowie Frederic Bonin für die Erstellung von Graphiken und Fotos.

Ferner danke ich besonders dem Oberstufen-Kolleg Bielefeld und der English Drama Group der Universität Bielefeld für die zur Verfügung Stellung von Fotomotiven für diese Broschüre.

Kathrin te Poel

Das Verhältnis von Theorie und Praxis aus der Perspektive von Studierenden im Lehramt. Welche Chancen bietet das Praxissemester?

Kathrin te Poel

Einleitung: Reflexionsanforderungen im Praxissemester

In unmittelbarem Anschluss an die schulische Praxisphase des Praxissemesters absolvieren die Studierenden das so genannte RPS-Seminar (Nachbereitung Praxissemester – Reflexion), in dessen Rahmen sie sich mit einer im schulischen Kontext erlebten Situation vertieft auseinandersetzen. Das bedeutet, dass die Studierenden jeweils eine selbst erlebte Situation theoriegestützt reflektieren und analysieren, mit dem Ziel, diese in der Seminargruppe zu präsentieren und zu diskutieren. Das Seminar ist entsprechend kolloquiumsartig konzipiert, die Präsentationen fungieren als Prüfungsleistung. Die vertiefte Analyse dient der Schulung eines „distanzierten Blick[es]" (Universität Bielefeld u.a. 2011, S. 2) auf die wahrgenommene Praxis sowie der Reflexion der eigenen Rolle und des eigenen Handelns (vgl. ebd.). Situationen, die von den Studierenden reflexiv aufgegriffen werden sind entweder solche, in die sie selbst durch eigene Handlungen „verstrickt" waren, oder es sind Situationen, die sie als Beobachterinnen und Beobachter miterlebt und als spannend oder fragwürdig erfahren haben. Die theoriegestützte Reflexion verspricht neuen, persönlichen Lernzuwachs und Anregungen zur Klärung offen gebliebener Fragen. Die Themen, die von den Studierenden aufgegriffen werden, reichen von unterrichtspraktischen Erfahrungen, beispielsweise im Umgang mit Heterogenität, bis zur kritischen Reflexion der eigenen Rolle als Praktikant oder Praktikantin im Vergleich mit der Rolle der Referendarinnen und Referendare an der Schule. Die Anforderungen an die Präsentation erlaubt den Studierenden bereits einen ersten Einblick in die Anforderungen des am Prüfungstag des Vorbereitungsdienstes abzulegenden Kolloquiums. Dort gilt es ebenfalls „komplexe Handlungssituationen (...) theoriegeleitet [zu] analysier[en], fachbezogen [zu] erörter[n] und praxisbezogen [zu] reflektier[en]" (Landeslehrerprüfungsamt für Lehrämter an Schulen 2014, S. 23). Der Unterschied zum Praxissemester besteht in der erforderlichen Komplexität der Situation, die im Rahmen der Staatsprüfung mehrere Handlungsfelder des entsprechenden Kerncurriculums umfasst (vgl. ebd.).

Auf diese im RPS-Seminar zu absolvierende, theoriegestützte Reflexion werden die Studierenden in einem vorangehenden, das Praxissemester begleitenden Seminar vorbereitet. In unterschiedlichen Settings (Bearbeitung eines Falles in der Gesamtgruppe, Bildung thematischer Kleingruppen oder auch Einzelarbeit) und mithilfe ausgewählter Reflexionszirkel üben die Studierenden in diesem Begleitseminar, konkrete praktische Situationen schrittweise zu analysieren und unter Einbezug ausgewählter theoretischer Grundlagen zu betrachten. Eine Herausforderung stellt die im Rahmen dieser Analyse und Reflexion zu leistende Verknüpfung von Theorie und Praxis für die Studierenden dar, wobei die Besonderheit des Praxissemesters darin besteht, diese Aufgabe nicht nur anhand selbst erfahrener, sondern auch anhand selbst ausgewählter Situationen zu bewältigen, so dass diese Situationen von größtmöglicher Relevanz für die Studierenden sind. Das dürfte der Motivation und Tiefe der Auseinandersetzung förderlich sein. Inwiefern und ob diese Bedingungen des Praxissemesters aber ein differenziertes Verständnis von der Theorie-Praxis-Relation bei den Studierenden begünstigen und welche Haltung die Studierenden gegenüber beiden zu verknüpfenden Seiten, Theorie und Praxis, im Zuge des Praxissemesters einnehmen, sind offene Fragen, denen im Fortgang dieses Artikels nachgegangen wird. Nach einem kurzen Einblick in ausgewählte, wesentliche Ansätze der wissenschaftlichen Debatte um das Verhältnis von Theorie und Praxis in seiner Bedeutung für die Lehrerprofessionalität, werden Ergebnisse aus einer Gruppendiskussion mit Studierenden vorgestellt, die erste Antworten auf die gestellten Fragen erkennen lassen. Die Gruppendiskussion wurde nach Beendigung der Praxissemesters und des oben beschriebenen RPS-Seminares mit Studierenden zum Thema *Theorie-Praxis-Verhältnis* geführt. Die Auswertung erfolge qualitativ-inhaltsanalytisch.

Das Theorie-Praxis-Verhältnis – ein knapper Einblick in die wissenschaftliche Debatte

Nach Oestreicher und Unterkofler mache eine professionsbezogene Wissensentwicklung das Verknüpfen der beiden je unterschiedlichen Logiken folgenden, institutionalisierten Felder *Praxis* und *Wissenschaft* erforderlich. Mit der professionstheoretisch bedeutsamen Aufgabe des aufeinander Beziehens beider Felder gingen zugleich zahlreiche Anforderungen einher. Zentral für das Theorie-Praxis-Verhältnis, dessen Bearbeitung im Zuge der Verknüpfung von Wissenschaft und Praxis eine eigene Traditionslinie aufweise, sei die Frage nach der Vernetzung von Handeln und Wissen (vgl. Oestreicher/ Unterkofler 2014, S. 7ff.). Gerade in pädagogischen Berufen sei diese Relation, bedingt durch die Grenzen der Planbarkeit von Handlungen in der Zusammenarbeit mit Menschen, von außerordentlicher Bedeutung (vgl. Hoffmann/ Kalter 2003, S. 10f.). Die berufliche Profession bilde dort das Bindeglied zwischen Praxis und Theorie (vgl. Koring 1997, S. 23). Die wissenschaftliche Diskussion um das Verhältnis von Theorie und Praxis weise inzwischen eine ca. 100jährige Geschichte auf (vgl. Strunk 2016, S. 19). Entsprechend vielfältig sind auch die Auffassungen über dieses Verhältnis, die im Rahmen dieses Artikels nicht allumfassend zusammengetragen werden können. Es ist aber folgend kurz auf ausgewählte Positionen zu dieser Verhältnisfrage zu rekurrieren, um bedeutsame Gemeinsamkeiten aufzuzeigen und Unterschiede anzudeuten, wobei sich Letztere in der Regel auf die Funktionen der beiden Seiten, insbesondere der Theorie, innerhalb des Verhältnisses von Theorie und Praxis beziehen. Die Spannweite möglicher Verhältnisbestimmungen kann nur exemplarisch angedeutet werden, wobei die jeweiligen, den Verhältnisbestimmungen zugrundeliegenden Begriffsbedeutungen von *Theorie* und *Praxis* nicht außer Acht zu lassen sind.

So habe, Koch-Priewe zufolge, beispielsweise Erich Weniger Theorie und Praxis als in einem Wechselverhältnis zueinanderstehend betrachtet. Jede der beiden Seiten wandle sich in der Bezugnahme auf die jeweils andere und beide seien unter gegenseitiger Bezugnahme aufeinander weiterzuentwickeln. Weniger unterscheide dabei zwischen drei Theoriestufen, wobei die Theorie dritten Grades, die wissenschaftliche Pädagogik, die Funktion erfülle, die in der Praxis angelegten Theorien ersten und zweiten Grades, verstanden als oft nicht formulierbares, orientierendes Erfahrungswissen (Theorien ersten Grades) oder als Lehrsätze und Lebensregeln (Theorien zweiten Grades), nachträglich zu klären und zu läutern. Unter Rückgriff auf die wissenschaftliche Pädagogik würden die so genannten Alltagstheorien dabei auf ihre Bedingungen hin hinterfragt, womit sie sich vom impliziten zum expliziten Wissen wandelten. Die zu erforschende theoriegestützte Reflexion durch die Praktikerinnen und Praktiker wiederum trage zur gleichsamen Weiterentwicklung der wissenschaftliche Theorie bei (vgl. Koch-Priewe 2000, S. 60f.). Oestreicher und Unterkofler fassen unter Rückgriff auf Luckmann und Berger zusammen, dass die Entstehung von Theorie immer einen Praxisbezug voraussetze. Sie verstehen Theorien dabei als explizite Wissensbestände sowie Wissen als Produkt aktiver Problemlöseprozesse handelnder Personen. Die wissenschaftliche Theorie stelle die systematische und stringente Objektivierung solch expliziter Wissensbestände dar und könne als diese wiederum angeeignet werden oder aber als Problemlösungswissen in konkreten Situationen fungieren. Das praktische Handeln erfordere dabei immer eine Auslegung der wissenschaftlichen Theorie, was zur Ausdifferenzierung und Weiterentwickelung letzterer beitrage und schließlich durch empirische Forschung zu erfassen und darzustellen sei. Auch Oestreicher und Unterkofler gehen also von einem Kreislauf aus. Die empirische Forschung habe ihnen gemäß sowohl die Handlungen und Deutungen der Akteurinnen und Akteure in der Praxis auf darin enthaltene Repräsentationen wissenschaftlicher Theorie hin zu hinterfragen, als auch das wissenschaftlich generierte Wissen auf darin enthaltene Repräsentationen praktischen Wissens (vgl. Oestreicher/ Unterkofler 2014, S. 8). Während bei Weniger also die Funktion der wissenschaftlichen Theorie für die Reflexion und Explikation von Alltagstheorien im Vordergrund steht, betonen Oestreicher und Unterkofler die Bedeutung wissenschaftlichen Wissens für die praktische Problemlösekompetenz. Beide stimmen darin überein, dass die wissenschaftliche Theorie durch Reflexion oder Auslegung in eine Beziehung zum praktischen Handeln gesetzt wird, das heißt, sie steht in einem mittelbaren Verhältnis zum praktischen Handeln. Einigkeit in beiden Ansätzen besteht auch hinsichtlich der Bedeutung der Praxis für die Weiterentwicklung von Theorie.

Einen etwas anderen Fokus setzt Cramer, der begrifflich zunächst zwischen wissenschaftlicher und subjektiver Theorie unterscheidet. Subjektive Theorien könnten sich partiell aus wissenschaftlichen Theorien ableiten, wobei unter letzteren bestimmte Kriterien erfüllende, allgemeinbedeutende aber gegenständlich begrenzte Aussagesysteme zu verstehen seien (vgl. Cramer 2014 in Anlehnung an Patry, S. 345f.). Subjektive Theorien definiert Cramer als „Summe aller Vorstellungen, die Praktiker und Praktikerinnen explizit oder implizit von ihrem situativen Handeln haben“ (ebd., S. 346). Sie dienten als Basis für die situationsabhängige Deutung von Handlungen. Wissenschaftliche Theorie sei insofern für das praktische Handeln relevant, als sich die subjektiven Theorien potenziell und in Teilen aus ihnen speisten (vgl. ebd.). Cramer beschreibt den Prozess wie folgt:

> „Studierende werden mit wissenschaftlichen Theorien konfrontiert, die (...) teilweise in subjektive Theorien mit aufgenommen werden. Subjektive Theorien werden handlungsrelevant, indem bei der Interpretation spezifischer Situationen auf sie rekurriert wird und so Handlungsentscheidungen mit beeinflusst werden“ (Cramer 2014, S. 346).

Auch in diesem Ansatz tritt also die mittelbare Bedeutung der wissenschaftlichen Theorie für das praktische Handeln deutlich hervor. Von besonderer Relevanz sei aber gerade die Differenz zwischen Theorie und Praxis. Sie bedinge eine kritische Distanz zwischen beiden Polen, die für das gegenseitige aufeinander Einlassen, insbesondere im Sinne der Reflexion, notwendig sei und das Aufgehen des einen im anderen vermeide, indem beiden Polen Raum gegeben werde (vgl. ebd., S. 346f.). Diese Verhältnisbestimmung von Theorie und Praxis ergebe sich Cramer zufolge am ehesten im Rahmen des Forschenden Lernens. Es ermögliche, dass Studierende eine selbst erlebte Situation sowie ihre mit dieser Situation in Verbindung gebrachte subjektive Theorie explizierten und mithilfe wissenschaftlicher Theorie kontrastierten. Das gewährleiste eine wirkliche wissenschaftliche Aufarbeitung der Erfahrungen in der Praxis. Cramer folgert mit Blick auf die Lehrerbildung, dass sowohl die Theorie als auch die Praxis in ihrer Dialektik konstitutive Elemente bildeten, die weder vermischt noch in Richtung einer der beiden Seiten verkürzt einbezogen werden dürften, damit ein Missverstehen von Theorie als Ideal der Praxis und ein willkürliches Handeln, dem der Bezug zum theoretischen Wissen fehle, vermieden werden könne. Die Wahrnehmung der Unterschiede beider Seiten hingegen fördere die kritische Reflexionsfähigkeit und lasse sich berufsbiographische nutzen. Denn aus der Diskrepanz könne für die Praxis gelernt werden (vgl. ebd., S. 351ff.). Zu einem vergleichbaren Ergebnis kommt auch Liebsch, wenn sie mit Blick auf die Bedeutung von Praxisphasen während der hochschulischen Phase der Lehrerbildung schreibt: „Vielmehr muss die grundlegende Differenz zwischen Theorie und Praxis anerkannt und der produktive Umgang mit den Unterschieden Ziel von Praxiskontakten sein“ (Liebsch 2010, S. 22).

Cramer erachtet es als Forschungsdesiderat im Bereich der Schulpraxisforschung, die Theorie-Praxis-Relation aus empirischer Perspektive zu beleuchten (vgl. Cramer 2014, S. 348). Mit der Frage, was Studierende unter Praxisbezug im Studium verstehen und wie sie sich Praxisbezug in der universitären Lehre vorstellen, befasste sich bereits Thon, die Studierende im Bachelor Studiengang unterschiedlicher Lehrämter zu dieser Frage diskutieren und anschließend ihre Antworten verschriftlichen ließ. Aus den Antworten rekonstruierte sie die darin enthaltenen Verhältnisbestimmungen von Theorie und Praxis. Diese Verhältnisbestimmungen seitens der Studierenden ließen sich ihrer Ansicht in drei dominante Varianten unterteilen, das seien a) die Veranschaulichung von Theorie durch die Praxis, b) die Gegensätzlichkeit und Trennung von Theorie und Praxis und c) die Annahme, Theorien müssten sich in praktische Handlungen umsetzen lassen (vgl. Thon 2014, 222f.). Keine dieser Verhältnisbestimmungen verweist also auf die oben dargelegte dialektische Spannung von Theorie und Praxis oder auf den mittelbaren Bezug zwischen ihnen. Das wirft die Frage auf, wie in der universitären Lehre und auch in der Begleitung von Praxisphasen eine Auseinandersetzung mit praktischen Situationen und theoretischem Wissen angeregt und unterstützt werden kann, die Studierende in die Lage versetzt, beide Seiten in ihrem dialektischen Verhältnis zueinander zu betrachten und darüber produktive Erkenntnisse für den eigenen bildungsbiographischen Entwicklungs- und Lernprozess zu gewinnen. Wie bereits oben dargelegt, verweist Cramer auf das Forschende Lernen als eine Möglichkeit. Aber auch die durch das Begleitseminar vorbereitete, vertiefende theoriegestützte Analyse und Reflexion praktischer Situationen im Rahmen des RPS-Seminares bietet Möglichkeiten, eine differenziertere Verhältnisbestimmung von Theorie und Praxis beizutragen anzustoßen. Zu welchen Verhältnisbestimmungen Studierende nach dem Absolvieren dieser Anforderungen des Praxissemesters gelangt sind, wird im folgenden Abschnitt dargestellt.

Theorie, Praxis und deren Verhältnis - Empirische Ergebnisse einer Gruppendiskussion

Um der Frage nachzugehen, über welche Vorstellungen vom Theorie-Praxis-Verhältnis Studierende nach dem Absolvieren ihres Praxissemesters und den damit verbundenen Anforderungen des RPS-Seminares und des Forschenden Lernens verfügen, wurden Studierende nach Beendigung ihres Praxissemesters in einer Gruppendiskussion zu diesem Thema befragt. Es erklärten sich insgesamt fünf Studierende bereit, an der Gruppendiskussion teilzunehmen, deren inhaltsanalytisch ausgewerteten Ergebnisse im Folgenden dargestellt werden. Im Fokus steht dabei nicht nur die Perspektive der Studierenden auf das Theorie-Praxis-Verhältnisses, sondern auch der von ihnen selbst wahrgenommene Lernertrag sowie die Frage danach, was aus der Perspektive dieser Studierenden die Verhältnisbestimmung, zu der sie gelangt sind, beeinflusst hat.
Zunächst wird deutlich, dass die Studierenden einstimmig der Ansicht sind, sich im Zuge der Anforderungen während des Praxissemesters, insbesondere im Rahmen des RPS-Seminares, erstmalig vertiefend mit Theorie befasst zu haben:

> „Einfach mit Theorien zu arbeiten. Und das ist auch wieder genau das gleiche. Man macht es jetzt kurz vor Ende. Erstmal. Und halt sonst, also wenn in Bildungswissenschaften (sic!), habe ich mich viel mit irgendwelchen Studien beschäftigt. Wo dann so Ergebnisse rauskamen, die hat man sich angeguckt im Seminar. Aber, total selten wirklich, dass so eine Theorie auf den Tisch kam."

Mit der Konsequenz, dass die *Theorie* bei den Studierenden nach dem Praxissemester an Bedeutung gewonnen hat:

> „Ich finde es war was Besonderes, weil mir erstmals irgendwie bei meinem Projekt oder bei meiner Prüfung bewusst geworden ist, wie sinnvoll Theorien sind."

Erst durch das Studienprojekt und die RPS-Prüfung hat sich dieser Studierenden also der Sinn von wissenschaftlicher Theorie erschlossen. Das deutet darauf hin, dass dieser Sinn vorher infrage gestanden haben muss. Mit Blick auf Strunk, dem zufolge das Interesse von Studierenden an Theorie eher geringer sei (vgl. Strunk 2016, S. 17) und auch mit Blick auf Thorn, die in ihrem Artikel feststellt, dass Studierende häufig einen mangelnden Praxisbezug in der universitären Lehre beklagen (vgl. Thorn 2014, S. 219), erweist sich diese Aussage über die Sinnerschließung von Theorie durch das Praxissemester als sehr bedeutsam. Verweist sie doch auf die Notwendigkeit gerade des Praxisbezuges, damit die Relevanz des Theoretischen überhaupt erst erkannt und wahrgenommen wird. Wie das Zitat zeigt, ist es aber nicht der Praxisbezug an sich, sondern es sind die mit dem Studienprojekt und der RPS-Prüfung verbundenen Anforderungen, die die Studierende mit ihrer Erkenntnis der Sinnhaftigkeit von Theorie verbindet. Interesse an Theorie muss also durch eine intensive Auseinandersetzung, wie sie im Praxissemester durch deren in-Beziehung-setzen zu selbst erfahrenen Situationen ermöglicht wird, erst grundlegend geschaffen werden. Diese Aussage der Gruppendiskussion wirft damit die Frage auf, wie und unter welchen konkreten Voraussetzungen sich der Prozess hin zu einer akzeptierenden Haltung gegenüber Theorie in diesem Rahmen der mit dem Praxissemester verbundenen Anforderungen vollziehen konnte. Anzunehmen ist, dass sich das induktive Vorgehen, von einer konkret erlebten, selbst gewählten Situation der Studierenden auszugehen und diese unter Einbezug wissenschaftlicher Theorie zu reflektieren, als dafür wesentlich erweist. Die subjektive Bedeutsamkeit von Theorie bzw. der persönliche Bezug zur Theorie wird bei diesem Vorgehen, das bei den persönlichen Relevanzsetzungen der Studierenden ansetzt, unmittelbar erfahrbar und eben dadurch erhält *Theorie* jenen Sinn, der bei vorherigen, nicht-praxisbezogenen Beschäftigungen mit Theorie, beispielsweise im Rahmen von Vorlesungen, nicht erschlossen werden konnte:

> „Also das ist halt so ein bisschen das Problem, dass irgendwie, die Motivation immer ein bisschen gefehlt hat, zu diesen Sachen (gemeint sind Vorlesungen, Anm. KtP.) hinzugehen. Wenn ich jetzt von mir spreche, mir fehlt immer die Motivation, weil der Sinn irgendwie auch noch nicht so richtig deutlich geworden ist. Und das immer einem so rübergekommen (sic) ist, das ist nur allgemeines Blabla, so irgendwie. Und DAS war jetzt wirklich am Beispiel (gemeint ist die Präsentation im RPS-Projekt, Anm. KtP), was ich selber erlebt hab untersuche ich jetzt mal. Und irgendwie das hat dann so mehr Sinn ergeben, finde ich. Für einen selber."

Sinn entsteht also durch persönlichen Bezug, den die Studierenden im Rahmen der Vorbereitungen auf das RPS-Seminar, vermittelt über die eigene praktische Erfahrung, auch zur Theorie aufbauen können. Das bedeutet, entscheidend für eine aufgeschlossene Haltung von Studierenden gegenüber wissenschaftlicher Theorie ist hier nicht deren Verknüpfung mit Praxis an sich, die auch mithilfe von Fallbeispielen geleistet werden könnte, sondern entscheidend ist die Verknüpfung von Theorie mit der *selbst erfahrenen* (Herv. KtP.) Praxis:

> „Ich glaube dadurch (gemeint ist: durch das eigene Erleben, Anm. KtP.) ist die Auseinandersetzung halt stärker, als wenn man sich nur über eine abstrakte Situation auseinandersetzt, die einem zu einer abstrakten Theorie irgendwie dargelegt wird."

Abstrakt lässt sich an dieser Stelle als Opposition zum oben beschriebenen, relevanten *persönlichen Bezug* lesen. Wenn Studierende also über selbst erlebte, praktische Situationen auch einen persönlichen Bezug zur damit verknüpften Theorie aufbauen können, was bedeutet, dass der erlebten Situation eine Schlüsselfunktion für den Aufbau eines persönlichen Bezuges zur Theorie zukommt, wirft das an dieser Stelle die Frage auf, welches Verhältnis Theorie und Praxis aus der Perspektive der Studierenden nach Abschluss des Praxissemesters zueinander einnehmen. Wie oben beschrieben, werde Cramer zufolge eine Theorie mittelbar, über ihren Einfluss auf die subjektive Theorie von Studierenden, praxisrelevant. Das Gelingen der Herstellung eines persönlichen Bezuges zur Theorie lässt solch einen Einfluss der Theorie auf das Denken und damit auf die subjektiven Theorien der Studierenden zumindest nicht unwahrscheinlich erscheinen, unabhängig davon, welche Verhältnisbestimmung von Theorie und Praxis sie dabei vornehmen. Die Ergebnisse der Gruppendiskussion verweisen zunächst darauf, dass das aufeinander Beziehen von Theorie und Praxis im Zuge der Anforderungen des Praxissemesters zunächst solche Vorstellungen von einer unmittelbaren Passung von Theorie und Praxis aufbricht:

„Also man merkt halt, dass eine Theorie ja erstmal nur so für sich auch steht. Und die passt nie hundert prozentig genau auf das Reale, was man hat."

Erwartungen, dass eine Theorie unmittelbare Erklärungen oder Hinweise für praktische Situationen geben kann, werden also – im positiven Sinne – enttäuscht:

„Und das hat es mir auch eigentlich gezeigt. Dass so eine Theorie zwar gut ist, wenn sie da ist, aber mir nicht alles erklären kann."

In der Folge muss das Verhältnis von Theorie und Praxis sowie der Sinn des Verhältnisses durch die Studierenden neu bestimmt werden. Mit Blick auf das vorangehende Zitat ist also zu fragen: Warum ist es aus der Perspektive der Studierenden gut, wenn eine Theorie da ist, trotzdem sie nicht alles erklärt? Die Diskussionsergebnisse lassen diesbezüglich erkennen, dass die Studierenden die Auseinandersetzung mit der Theorie als Erweiterung ihrer Perspektive auf die Praxis, konkret auf die von ihnen analysierte praktische Situation, erfahren haben. Neue Perspektiven auf die erlebte Situation werden ermöglicht und zugleich können durch den theoretischen Blickwinkel auch neue Facetten von Praxis wahrgenommen werden. Die Begrenzung der eigenen Perspektive auf Praxis wird als solche erkannt und durch die theoretische Auseinandersetzung bewusst erweitert:

„Aber ich finde, Theorien öffnen erstmal den Blick für Sachen, für die man vorher keinen Blick hatte (...). Also wenn man sich nicht mit Theorien auseinandersetzt, dann macht man sich vielleicht über bestimmte Dinge gar keine Gedanken, die aber sehr bedeutend sein können. Aber einfach weil sie einem vielleicht nicht auffallen. Unbewusst handelt man immer irgendwie, <Zustimmung>, weil man mit seiner Alltags- oder subjektiven Theorie denkt, dass das so gut ist. Und hinterfragt das gar nicht. Und vielleicht eine Theorie, wenn man sich generell mit irgendwelchen Theorien erst mal beschäftigt, vielleicht auch so einen Blick bekommt für Sachen, die gar nicht so im Blick lagen."

Das Zitat verdeutlicht den Einfluss, den die wissenschaftliche Theorie aus Perspektive der Studierenden auf ihre subjektive Theorie hat. Letztere wird mithilfe der wissenschaftlichen Theorie bewusst, hinterfragt und um neue Facetten erweitert, was wiederum den praktischen Handlungsspielraum erweitert. Diese Perspektive der Studierenden steht der dialektisch verstandenen Relation zwischen Theorie und Praxis, so wie sie Cramer darlegt, sehr nahe. Die Studierenden sehen in einem so verstandenen Theorie-Praxis-Verhältnis ferner einen Zugewinn für den eigenen Professionalisierungsprozess:

„So dass man später in der Schulpraxis so eine Reihe an Theorien irgendwo im Hinterkopf hat, wie so eine Brille. Man hat die Situation, setzt eine Brille nach der anderen auf und merkt dann irgendwie relativ schnell, weil man es halt schon oft gemacht hat, ok, das könnte jetzt gerade hier dazu beigetragen haben und so könnte ich vielleicht handeln, um die Situation in die und die Richtung zu lenken. Das wäre schon professionell."

„Also wir haben ja jetzt sozusagen eine Methode kennen gelernt, wie man sich vielleicht professionalisieren kann. Mit der Auseinandersetzung von Theorien (sic!).“

Professionalität und theoretisch reflektiertes Handeln gehört für die Studierenden also zusammen. Interessant ist an dieser Stelle die Brillenmetapher. Sie verweist darauf, dass die Theorie noch als etwas Äußerliches betrachtet wird. Ein Blickwinkel, den man heranziehen kann und ebenso wieder ablegen kann. Das widerspricht zunächst der Annahme einer partiellen Überführung wissenschaftlicher Theorie in die subjektiven Theorien, kann aber auch als Hinweis darauf gelesen werden, dass den Studierenden mögliche Veränderungen eigener Denkstrukturen durch deren Befassung mit wissenschaftlicher Theorie noch nicht hinreichend bewusst geworden sind, was in der Konsequenz bedeutet, dass der Aspekt der Selbstreflexion nach der wissenschaftlich-theoretischen Auseinandersetzung mit einer praktischen Situation im Rahmen des Seminares noch einmal zu verstärken ist. Um das zu erreichen, dürfte das RPS-Seminar nicht mit der Prüfung, in der die eigenständige, theoriegeleitete Reflexion einer jeweils erlebten praktischen Situation im Vordergrund steht, abgeschlossen werden, sondern es bedürfte einer zeitlichen Erweiterung, um den Aspekt der jeweils eigenen Persönlichkeitsentwicklung vertiefend thematisieren zu können. Beispielsweise könnten im Anschluss an die kolloquiumsartigen Präsentationen die subjektiven Theorien der Studierenden und auch von ihnen wahrgenommene Veränderungen dieser subjektiven Theorien mithilfe einer Struktur-Lege-Technik visualisiert und reflektiert werden. Noch offensichtlicher würden solche Veränderungen, wenn die Studierenden ihre subjektiven Theorien zu dem von ihnen bearbeiteten Thema vor dieser Bearbeitung mithilfe der Struktur-Lege-Technik reflektierten, um nach der Bearbeitung und theoriegestützten Reflexion des Themas noch einmal mit dem vorausgegangenen, eigenen Strukturbild konfrontiert zu werden. Im Zuge dieser Konfrontation hätten die Studierenden dann die Möglichkeit, Veränderungen ihrer subjektiven Theorien auf anschauliche Weise darzustellen, indem sie ihr eigenes Strukturbild mithilfe weiterer Karten erweitern oder verändern. Resümierend ist mit Blick auf das vorangehend dargelegte Zitat festzuhalten, dass die praxisbezogene Auseinandersetzung mit wissenschaftlicher Theorie aus der Perspektive der Studierenden deshalb als gut empfunden wird, weil sie aus ihrer Sicht einem professionellen Handeln förderlich ist: im Sinne einer tatsächlichen Erweiterung und auch kritischen Reflexion der eigenen subjektiven Theorie oder im Sinne einer Erweiterung des Handlungs- und Wahrnehmungsspielraumes. Mit diesem differenzierten Verständnis von der Theorie-Praxis-Relation geht für die Studierenden aber die Frage einher, ab wann von einer Theorie gesprochen werden kann. Wenn Theorie nicht direkt auf Praxis passt, die Praxis nicht unmittelbar durch Theorie erklärt werden kann, bedeutet das, dass Theorie auch nicht (mehr) als Handlungsanleitung oder als Praxistipp verstanden werden kann. Das Aufkommen der Frage, wann eine Theorie beginnt, verweist also zugleich auf ein sich ausdifferenzierendes Verständnis von Theorie bei den Studierenden:

„Beginnt eine Theorie vielleicht schon bei einer Definition? Wenn man jetzt überlegt, Binnendifferenzierung hattest du gerade gesagt. Eine Definition davon was das ist. Dass das vielleicht schon eine Mini-Theorie ist?“

Bleiben schließlich noch die Fragen nach dem Lerngewinn, den die Studierenden ihrer Ansicht nach über das Seminar hinaus mitnehmen, und den besonderen Herausforderungen, vor die die Verzahnung von Theorie und Praxis die Studierenden gestellt hat. Herausfordernd gestaltete sich für die Studierenden das Finden einer für die Reflexion der je eigenen Situation geeigneten Theorie:

„Ja. Wie finde ich eine Theorie. Vielleicht auch, zu einem, also es gibt ja immer ein, ich habe ja immer ein Interessensgebiet. Jeder von uns interessiert sich ja für bestimmte Punkte, mehr oder weniger. Und wie, wenn ich mein Interessengebiet habe, kann ich wirklich eine Theorie dazu finden."

Dieser Aspekt sollte also in dem auf das RPS-Seminar vorbereitenden Begleitseminar vertiefend thematisiert und geübt werden. Als nachhaltigen Lerngewinn nehmen die Studierenden einstimmig die Möglichkeit des Transfers des Gelernten auf andere Bereiche des Lebens wahr. Das unter den Anforderungen des Praxissemesters Erlernte ist also keinesfalls träge:
„Dass man halt meinen Ansatz auch unfassbar gut auf andere Bereiche des Lebens anwenden kann."

Fazit

Insgesamt ist mit Blick auf die eingangs gestelltenn Frage zu resümieren, dass die Studierenden über den unmittelbaren Praxisbezug auch einen persönlichen Bezug zur Theorie aufbauen konnten, der einer positiven Haltung gegenüber Theorie dienlich ist. Nach Ende des Praxissemesters und des RPS-Seminares ist ein differenziertes Verständnis von der Theorie-Praxis-Relation und auch ein sich ausdifferenzierendes Verständnis von Theorie erkennbar. Diese können als Ergebnisse einer vertiefenden Auseinandersetzung mit dem Theorie-Praxis-Verhältnis verstanden werden, deren Anstoß in der von den Studierenden erfahrenen „Enttäuschung" liegt, dass Theorie nicht direkt auf Praxis passt. Eine Erweiterung des RPS-Seminares um Möglichkeiten der Reflexion der eigenen subjektiven Theorien und ihrer Veränderungen während des Praxissemesters, wäre dem Professionalisierungsprozess der Studierenden insofern dienlich, als ihnen eigene Entwicklungsschritte, die sie während des Praxissemesters absolviert haben, noch einmal bewusster und anschaulicher werden könnten, beispielsweise mithilfe einer durch die Struktur-Lege-Technik gestützten Reflexion (siehe auch te Poel 2017).

Literatur

CRAMER, C. (2014): Theorie und Praxis in der Lehrerbildung. Bestimmung des Verhältnisses durch Synthese von theoretischen Zugängen, empirischen Befunden und Realisierungsformen, in: DDS 4 (2014), 344-357.

HOFFMANN, N./ KALTER; B. (2003): Brückenschläge oder Teufelskreise? Zum Verhältnis von Theorie und Praxis in der Erziehungswissenschaft. In: HOFFMANN, N./ KALTER; B. (Hrsg.): Brückenschläge. Das Verhältnis von Theorie und Praxis in pädagogischen Studiengängen. Münster, 7-16.

KOCH_PRIEWE, B. (2000). Schulpädagogisch-didaktische Schulentwicklung. Professionalisierung von LehrerInnen durch interne Evaluation als erziehungswissenschaftliche Theorie-Praxis-Reflexion am Beispiel des Oberstufen-Kollegs Bielefeld. Baltmannsweiler.

KORING, B. (1997): Das Theorie-Praxis-Verhältnis in Erziehungswissenschaft und Bildungstheorie. Donauwörth.

LANDESLEHRERPRÜFUNGSAMT FÜR LEHRÄMTER AN SCHULEN (2014): Staatsprüfung für Lehrämter an Schulen. Ordnung des Vorbereitungsdienstes und der Staatsprüfung für Lehrämter an Schulen (OVP) vom 10. April 2011. Hinweise für Lehramtsanwärterinnen und Lehramtsanwärter sowie Lehrkräfte in Ausbildung, Dortmund.

LIEBSCH, K. (2010): Wissen und Handeln. Ein Plädoyer zur Gestaltung des Theorie/Praxis-Verhältnisses. In: LIEBSCH, K. (Hrsg.): Reflexion und Intervention. Zur Theorie und Praxis Schulpraktischer Studien. Baltmannsweiler, 9-26.

OESTREICHER, E./ UNTERKOFLER, U. (2014): Einleitung: Nicht mit dir und nicht ohne dich? Theorie-Praxis-Bezüge als Herausforderung für Wissenschaft und Praxis. In: OESTREICHER, E./ UNTERKOFLER, U. (Hrsg.): Theorie-Praxis-Bezüge in professionellen Feldern. Opladen/ Berlin/ Toronto, 7-20.

STRUNK, G. (2016): Es gibt nichts praktischeres als eine gute Theorie. In: ARNDT, H. (Hrsg.): Das Theorie-Praxis-Verhältnis in der ökonomischen Bildung, Schwalbach/ Ts., 17-29.

TE POEL, K. (2017): Adaptionen und Einsatzmöglichkeiten der Dialog-Konsens-Methodik im Praxissemester (Arbeitstitel). In Vorbereitung.

THON, C. (2014): Theorie und Praxis in der universitären Lehre: Empirische Rekonstruktionen studentischer Verhältnisbestimmungen, in: OESTREICHER, E./ UNTERKOFLER, U. (Hrsg.): Theorie-Praxis-Bezüge in professionellen Feldern. Opladen/ Berlin/ Toronto, 219-236.

UNIVERSITÄT BIELEFELD/ ZFSL BIELFELD/ ZFSL MINDEN/ ZFSL PADERBORN (2011): Leitkonzept zur Standortspezifischen Ausgestaltung des Bielefelder Praxissemesters. Erprobungsfassung vom 12.10.2011, Bielefeld.

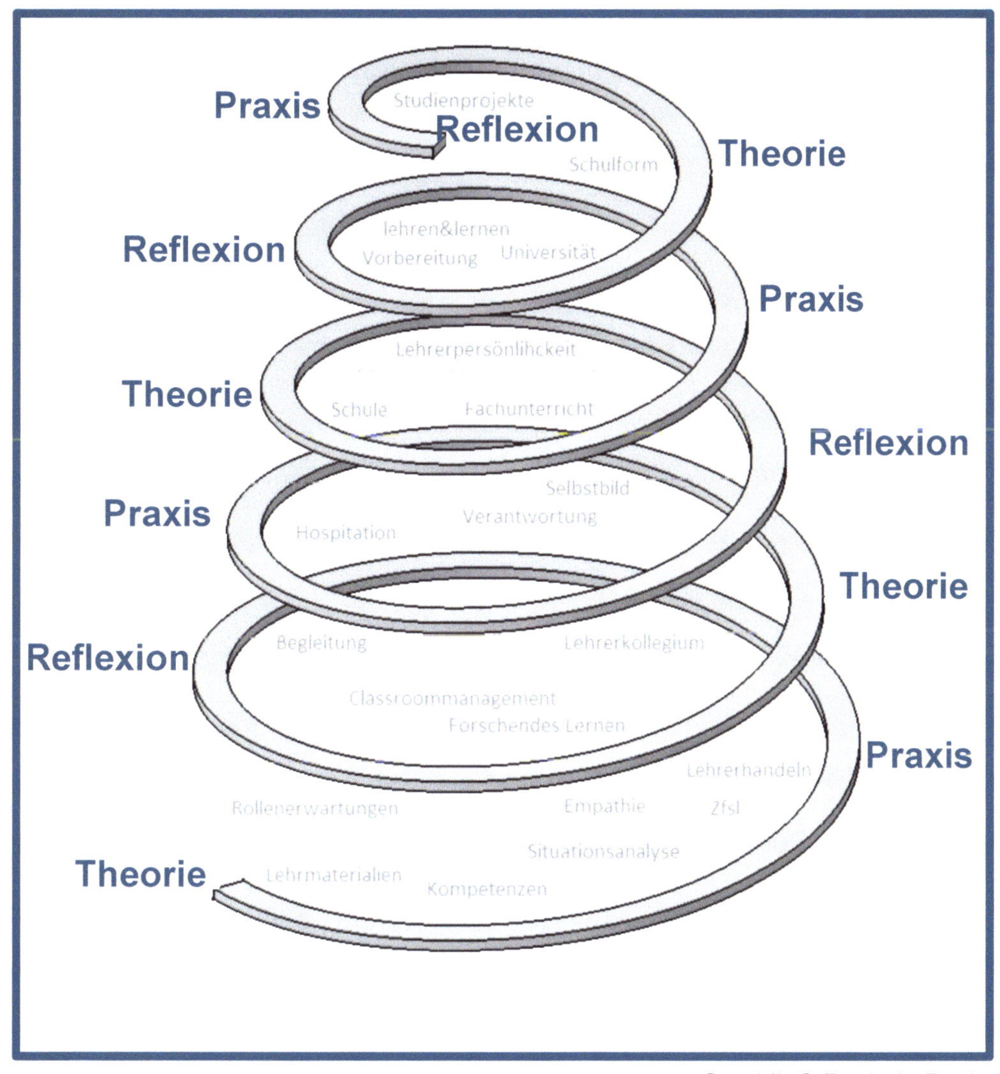

Graphik © Frederic Bonin

Erwartungen von Schülerinnen und Schülern. Chance oder Gefahr für professionelles Handeln als Lehrkraft?

Laura Düllmann

Einleitung

Das Praxissemester bietet Möglichkeiten, um sich selbst in der Rolle als Lehrkraft auszuprobieren. Dass dieser Beruf komplex ist, haben mir bereits vorangegangene Praxisphasen aufgezeigt. Wie widersprüchlich das Handeln in diesem Beruf ist, hat sich mir durch das theoriegeleitete Reflektieren einer im Praxissemester erlebten Situation verdeutlicht.
Im folgenden Beitrag stehen die von Schülerinnen und Schülern (SuS) formulierten Erwartungen an mich als angehende Lehrerin im Fokus. Dem Ziel der RPS-Prüfung entsprechend, folgt auf die Beschreibung der erlebten Situation und Entwicklung der Fragestellung die Verknüpfung von Theorie und Praxis. Abschließend werden Schlussfolgerungen aus der Analyse gezogen.

Situationsbeschreibung und Problemaufwurf

Die Situation, die diesem Beitrag zugrunde liegt, habe ich in einem Grundkurs der gymnasialen Oberstufe erlebt:

Es ist die zweite vollständige Unterrichtsstunde, die ich in dieser Lerngruppe unterrichten darf. Die SuS sind dazu aufgefordert, die Ergebnisse ihrer Hausaufgabe in Stichpunkten an der Tafel für alle sichtbar zu notieren. Methodisch habe ich dafür eine Kreidekette vorgesehen, in der die SuS ein Stück Kreide weiterreichen sollen und so nacheinander Beiträge an die Tafel bringen.
Dieses methodische Vorgehen habe ich in der Planung als schüleraktivierend eingeschätzt. Jedoch beobachte ich bei den SuS ein entgegengesetztes Verhalten: Kaum ein Schüler bzw. eine Schülerin möchte die Kreide nutzen, ich warte einerseits ab und greife andererseits ein und fordere die SuS auf. Es entstehen Nebengespräche. Ich entscheide mich, die Sammlungsphase zu beenden und die SuS zu fragen, warum diese Ergebnissammlung aus ihrer Sicht nicht funktioniert. In dem folgenden Gespräch formulieren die SuS Erwartungen an mich als Lehrkraft und ziehen Vergleiche zu anderen Lehrkräften. Ich höre zu, notiere mir die Aussagen, bedanke mich, stelle Nachfragen, aber ‚verteidige' mein Verhalten nicht.
Die Rückmeldungen der SuS versuche ich in der darauffolgenden Stunde zum Teil umzusetzen: ein wiederholender Stundeneinstieg und die Arbeitsergebnisse werden in Gruppen auf Zetteln notiert, die daraufhin an der Tafel präsentiert werden. Am Ende dieser Stunde bitte ich die SuS um ein kurzes schriftliches Feedback zu meinen bisherigen Unterrichtsstunden mit ihnen.

Das Gespräch mit den SuS und die daraus entstandenen mündlichen und schriftlichen Rückmeldungen zu mir in der Rolle einer Lehrkraft haben mich auch nach dem schulischen Teil des Praxissemesters beschäftigt. Ich habe mir Gedanken darüber gemacht, was SuS von Lehrerinnen und Lehrern (LuL) erwarten, inwiefern ich diesen Erwartungen gerecht werden kann und wie ich mit positiven, konstruktiven sowie negativen Rückmeldungen umgehen kann. Meine Überlegungen münden in folgender Fragestellung: Inwiefern beeinflussen die Erwartungen der SuS das professionelle Handeln als Lehrkraft? Entlang dieser Frage wird die beschriebene Situation im Folgenden mithilfe von zwei Theorien analysiert, die zuvor jeweils in ihren Grundzügen dargestellt werden.

Vielfältige Erwartungen von Schülerinnen und Schüler an Lehrerinnen und Lehrer

Die Rückmeldungen der SuS und die darin formulierten Erwartungen an das Lehrerhandeln sind vielfältig und zum Teil gegensätzlich. Dies legt eine theoretische Auseinandersetzung mit Widersprüchen im pädagogischen Handeln von Lehrkräften nahe. Auf eine Darstellung des theoretischen Hintergrunds folgt die Verknüpfung mit der im Praxissemester erlebten Situation.

a) Die Theorie der Konstitutiven Antinomien des Lehrerhandelns nach Werner Helsper

Werner Helsper (1996; 2010)[1] stellt eine Theorie auf, in der er die Widersprüche, von denen das Lehrerhandeln geprägt ist, darstellt. Dafür wählt Helsper den Begriff der Antinomie, eine Spannung zwischen zwei entgegengesetzten Standpunkten. Diese Standpunkte können jeweils gültig sein, aber sie sind nicht miteinander vereinbar, sondern gegensätzlich. Für das Handeln von LuL bewertet Helsper diese Antinomien als grundlegend, sodass er von konstitutiven Antinomien spricht (vgl. Helsper 1996, S. 530; Helsper 2010, S. 18f.).
In Helspers Modell bildet das pädagogische Handeln den Ausgangspunkt. Dieses Handeln ist interaktiv, da es im Austausch mit SuS geschieht. Gleichzeitig ist es asymmetrisch, da zwischen Schüler und Lehrer Machtunterschiede, Kompetenzunterschiede und Wissensunterschiede bestehen (vgl. Helsper 2010, S. 19). Für sich genommen ist pädagogisches Handeln in sich spannungsvoll, weil die Lehrkraft wissenschaftliches Regelwissen besitzt und auf konkrete Einzelfälle trifft, die sich zwar in regelhafte Kategorien einteilen lassen, aber damit ihre Besonderheit verlieren. Gleichzeitig können LuL nicht aus der Anwendung des Regelwissens auf bestimmte Reaktionen von SuS schließen, da kein technischer Ursache-Wirkungs-Zusammenhang existiert. Helsper beschreibt dies als Spannung zwischen dem Abstrakten und dem Konkreten – die erste grundlegende Spannung, die das Lehrerhandeln kennzeichnet (vgl. Helsper 2010, S. 18f.). Zudem entwirft Helsper vier Bezugspunkte für das pädagogische Handeln: die Person, die Gesellschaft, die Kultur und die Natur (vgl. Helsper 2010, S. 30). Die Antinomien, die sich daraus ergeben, werden im Folgenden kurz dargelegt (siehe auch Abb. 1 auf der folgenden Seite).

[1] Helsper hat auf die an seinem Aufsatz von 1996 geäußerte Kritik 14 Jahre später reagiert und seine Theorie aktualisiert. 2010 spricht er von pädagogischem Handeln und Erziehenden sowie Heranwachsenden. In der vorliegenden Reflexion wird das Modell von 2010 auf das Handeln von LuL übertragen.

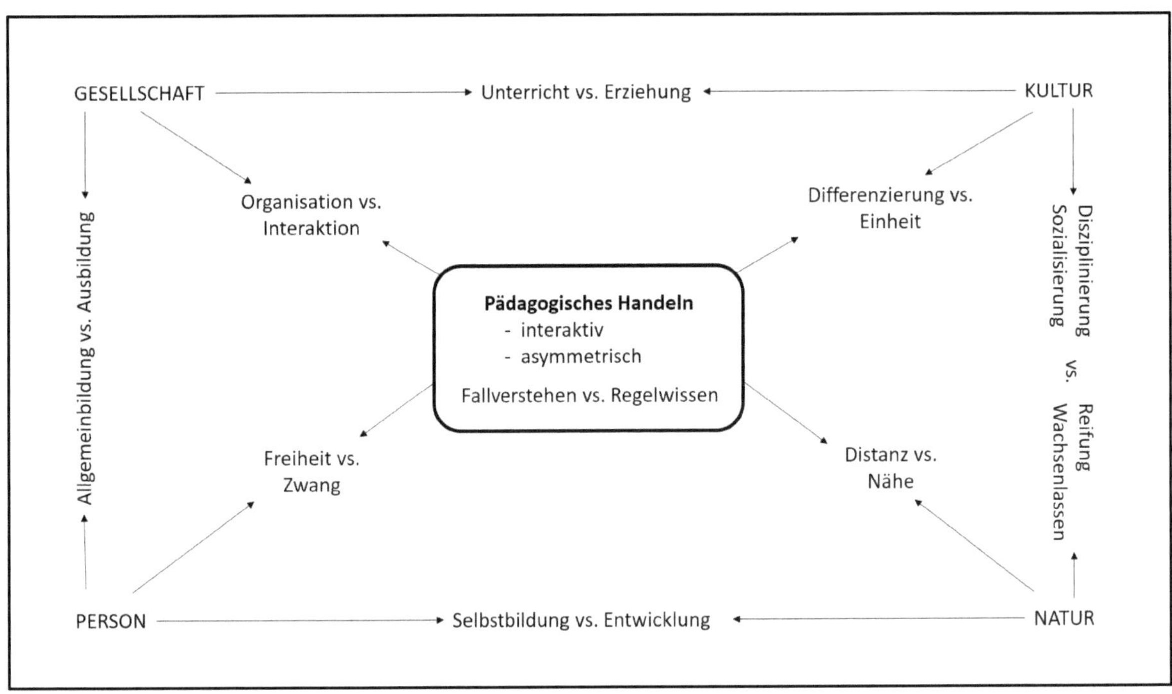

Abbildung 1: Antinomien des Lehrerhandelns. Eigene Darstellung nach Helsper 2010: 31.

Als Ziel der Erziehung wird die Selbstständigkeit angesehen. SuS sollen autonome, selbstständige Personen werden. Diese Erziehung zur Freiheit findet innerhalb von (schulischen) Zwängen, wie beispielsweise Regeln und Normen, statt. Somit bewegt sich das Lehrerhandeln in der Spannung von **Freiheit und Zwang** (vgl. Helsper 2010, S. 19f.). Einerseits unterliegt das Handeln von LuL Regelungen, wie Kernlehrplänen oder Schulformen und zu erreichenden Abschlüssen. Andererseits finden Interaktionen, also konkrete Aushandlungsprozesse, mit SuS statt. In dieser Spannung zwischen **Organisation und Interaktion** kehrt die Grundspannung zwischen abstraktem Wissen und dem konkreten Fall wieder (vgl. Helsper 2010, S. 20f.). Eine weitere von Helsper beschriebene Antinomie besteht zwischen **Differenzierung und Einheit.** Historisch gesehen hat die Pädagogik eine einheitliche Orientierung für Werte und Normen geliefert. Beispielsweise wurde die Familie aus Mutter, Vater, Kind als zentrale Lebensform vermittelt. Da sich die Lebensformen im Zuge der Modernisierung pluralisieren, kann die Pädagogik eine differenzierende Orientierung liefern. Sie kann Vielfalt und Pluralität ermöglichen. Außerdem können LuL die Sozialisation der SuS als Lernhelferin bzw. Lernhelfer begleiten und ihnen Möglichkeiten eröffnen. Dennoch bleibt die Frage nach etwas Einheitlichem bestehen, sodass LuL zwischen Einheit und Differenzierung handeln müssen (vgl. Helsper 2010, S. 23ff.). Zwischen dem Extrem der familiären, intimen, persönlichen Beziehung und einer distanzierten Gleichgültigkeit und Kälte entsteht eine weitere Antinomie. Helsper beschreibt die Antinomie zwischen **Distanz und Nähe** auch als ein Zuviel oder ein Zuwenig an emotionalem Engagement der LuL (vgl. Helsper 2010, S. 24ff.).

Neben diesen zentralen Antinomien definiert Helsper weitere Spannungen, die sich zwischen den vier Bezugspunkten bilden. Erwähnt seien hier drei Antinomien, denen sich Helsper ausführlicher widmet. Zwischen der Kultur mit ihren je spezifischen Werten und Normen und der ungebändigten Natur befinden sich LuL in folgendem Spannungsfeld: Einerseits die SuS so aufwachsen und reifen zu lassen, wie sie sind und andererseits diese Entwicklung durch disziplinierende Maßnahmen zu lenken. Dazu zählen Auf- und Abstufungsmöglichkeiten im Schulsystem und Leistungsunterscheidungen **(Disziplinierung/Sozialisierung und Reifung/ Wachsenlassen)** (vgl. Helsper 2010, S. 26ff.). Eine weitere Antinomie des Lehrerhandelns ergibt sich laut Helsper dadurch, dass die Gesellschaft Individuen benötigt, die ‚brauchbar'

sind und ihren Platz in der Gesellschaft einnehmen können. Das Lehrerhandeln liefert Qualifikationen, selektiert die SuS und fördert Partizipation. Andererseits sollen durch pädagogisches Handeln Subjekte entstehen, die einzigartig sind. Dafür benötigen sie keine Ausbildung, sondern eine allgemeine und gleiche Menschenbildung **(Allgemeinbildung und Ausbildung)** (vgl. Helsper 2010, S. 28f.). Die abschließende Antinomie beschreibt Helsper zwischen der Kultur und der Gesellschaft. Die Kultur erwartet vom pädagogischen Handeln, dass die SuS durch Erziehung in die kulturelle Ordnung eingeführt werden. Auf der anderen Seite erwartet die Gesellschaft, die aus dem Zusammenleben der Menschen besteht, dass die SuS Inhalte, Fähigkeiten und Qualifikationen von den LuL im Unterricht vermittelt bekommen **(Unterricht und Erziehung)** (vgl. Helsper 2010, S. 32).
Dieser Vielzahl an grundlegenden Antinomien, die Helsper modelliert hat, unterliegt das tägliche Lehrerhandeln. Es ist von dem anfangs entfalteten Grundgedanken geprägt, dass es im pädagogischen Handeln keine Ursache-Wirkungs-Zusammenhänge gibt. Die Folgen des Handelns sind demnach nicht berechenbar. Es ist ein Handeln unter Ungewissheit (vgl. Helsper 2010, S. 18f. und S. 30).

a) Konstitutive Antinomien in den Erwartungen der Schülerinnen und Schüler

In der oben beschriebenen Situation frage ich die SuS nach ihren Erklärungen für die geringe Beteiligung in der Sammlungsphase. Ich sehe SuS als „kompetente Beurteiler von Unterricht [an] und es bietet sich an [...] ihre Einschätzungen für die Verbesserung von Unterricht mit zu nutzen“ (Ditton/Arnold 2004, S. 168, zit. n. Gärtner/Vogt 2013, S. 252). Diese SuS formulieren ausgehend von der Unterrichtsmethode und mir in der Rolle der Lehrkraft gegensätzliche Erwartungen an das Lehrerhandeln. Diese Erwartungen, die die SuS zuerst im Gespräch und außerdem im schriftlichen Feedback zum Ausdruck gebracht haben, werden in der folgenden Analyse vier Antinomien nach Helsper zugeordnet. Zudem findet eine Positionierung von mir als angehender Lehrerin statt. Zur Veranschaulichung der folgenden Analyse werden die ausgewählten Antinomien jeweils als Doppelpfeil dargestellt, dessen Enden mit den entgegengesetzten Standpunkten betitelt werden, z.B. Nähe und Distanz. Mithilfe der stilisierten Figuren sollen meine Positionierung (L) und die der SuS (S) innerhalb der jeweiligen Antinomie abgebildet werden.

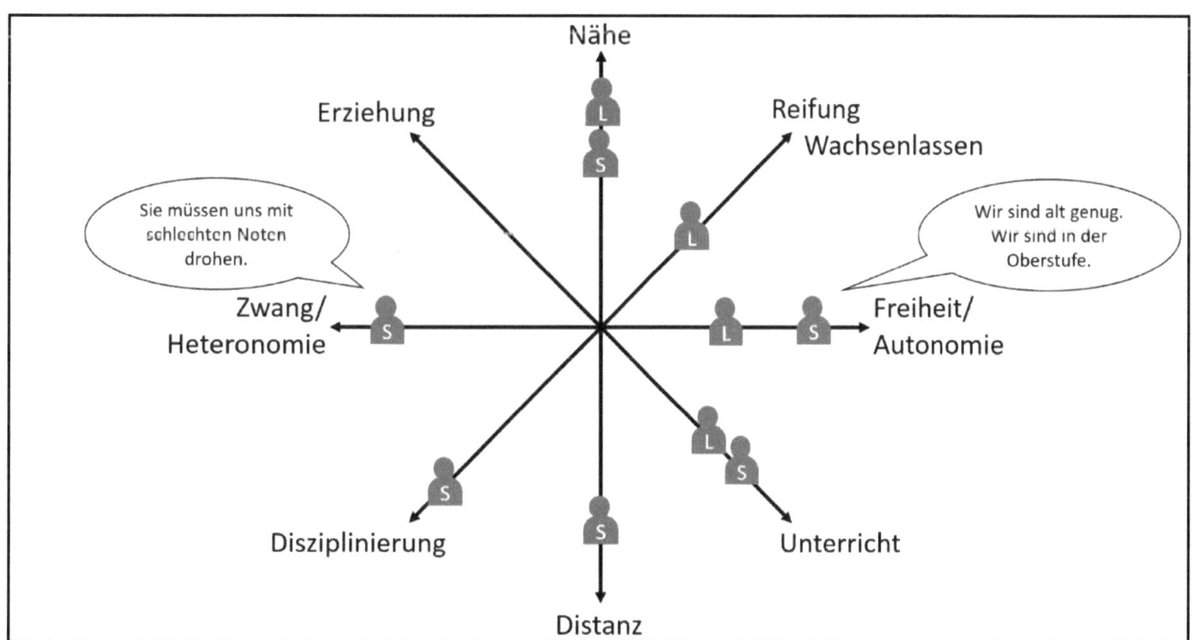

Abbildung 2 Vier ausgewählte Antinomien und ihnen zugeordnete Erwartungen. Eigene Darstellung.

„Sie müssen uns mit schlechten Noten drohen, wenn wir uns nicht benehmen." Diese Äußerung verweist auf eine Erwartung dieses Schülers bzw. dieser Schülerin, wonach LuL Druck über Noten ausüben und dadurch SuS zu einem bestimmten Verhalten zwingen. Andererseits vertreten Mitschüler und -schülerinnen die Ansicht, dass sie – in der Oberstufe – alt genug seien, um in Arbeitsphasen von selbst leise zu sein oder sich gegenseitig darauf hinzuweisen. Die im Unterricht eingesetzte Methode der Kreidekette orientiert sich eher daran, den SuS Freiheiten im Unterricht zu ermöglichen, da sie sich gegenseitig drannehmen und ihre Beiträge ‚unzensiert' an der Tafel präsentieren können. Die Antinomie zwischen **Zwang und Freiheit** zeichnet sich sowohl in den gegensätzlichen Erwartungen der SuS ab, als auch in meiner Positionierung, die konträr zu der Meinung einiger SuS steht.
Neben dem Zwang über Noten zählen die SuS Verhaltensweisen auf, die LuL ihrer Ansicht nach bei Fehlverhalten von SuS zeigen sollen: SuS ermahnen, sich durchsetzen, eine laute Stimme haben, SuS anschreien, streng und konsequent sein. Ein Schüler bzw. eine Schülerin hat mir nach der Stunde mitgeteilt, dass er bzw. sie die Meinung der Mitschüler und -schülerinnen bezüglich des Anschreiens überhaupt nicht teile. Auch im Spannungsfeld zwischen **Disziplinierung und Reifung** sind die SuS unterschiedlicher Meinung, wobei in den mir vorliegenden Daten der Wunsch nach Disziplinierung überwiegt. Meine persönliche Positionierung steht den Erwartungen der SuS gegenüber, da ich Anschreien als Kontrollverlust ansehe und alle SuS wertschätzend in den Unterricht einbinden möchte, auch wenn sie beispielsweise die Hausaufgaben vergessen haben. Diese pädagogische Haltung ist den SuS nicht entgangen, da sie in ihren schriftlichen Rückmeldungen von zu liebem Unterricht schreiben und die Vermutung äußern, dass ich SuS nicht kritisieren möchte.
Zu den mündlich und schriftlich geäußerten Erwartungen kommt die Körpersprache eines Schülers hinzu, der zu Beginn des Feedbackgesprächs den Kopf auf die Arme legt und sich abwendet. Dieses Verhalten interpretiere ich dahingehend, dass er kein Interesse an einem Gespräch über Erziehung hat, sondern dass es ihm um Fachinhalte geht. Diese Vermutung bestätigt sich, als er sich nach Beendigung des Gesprächs am fachlichen Unterrichtsgeschehen beteiligt. Die Antinomie zwischen **Erziehung und Unterricht** zeigt sich zwischen meiner Intention, das Verhalten der Lerngruppe zu hinterfragen, und dem Wunsch des Schülers. Da sich die übrigen SuS produktiv an der Diskussion beteiligen, überwiegt in der zugrundeliegenden Situation der Aspekt der Erziehung. Wohingegen im Großteil der Zeit, die ich mit dieser Lerngruppe in der Rolle der Lehrkraft verbringen darf, die Vermittlung von Inhalten, Fähigkeiten und Qualifikationen, d.h. der Unterricht im Vordergrund steht. Diese Vermittlung geht mit der Arbeit in verschiedenen Sozialformen und dem (strukturierten) Austausch von Meinungen einher, die wiederum Teil der Vermittlung kultureller Ordnung, also Erziehung, sind. Dennoch positioniere ich mich – hinsichtlich der Arbeit mit Oberstufenschülern und -schülerinnen – auf der Seite des Unterrichts.
Die SuS berichten von einer anderen Lehrkraft und ziehen Vergleiche zu meinem Verhalten. Im Unterricht dieser Lehrkraft herrsche eine ruhige Arbeitsatmosphäre, da die Lehrkraft die SuS einschüchtere und sich dadurch niemand mehr traue, etwas zu sagen. Dieses Verhalten erwarten die SuS von LuL. In Helspers Modell der Konstitutiven Antinomien kann es ein Zuwenig an emotionalem Engagement darstellen, sodass Distanz entsteht, die sich die SuS wünschen. Andererseits melden mir SuS positiv zurück, dass ich ruhig sei trotz unruhiger Situationen in der Lerngruppe, hilfsbereit sei und dass in meinem Auftreten eine Persönlichkeit erkennbar sei. In diesem Aspekt stimmen das Selbst- und Fremdbild überein, da ich es vorziehe, die Nähe zu den SuS zu suchen, um Probleme zu lösen und ein Vertrauensverhältnis aufzubauen. Die Erwartungen der SuS in dieser Lerngruppe scheinen im Spannungsfeld zwischen **Nähe und Distanz** gespalten zu sein.

Der Großteil der Erwartungen, die die SuS mir mündlich und schriftlich mitgeteilt haben, konnte gemäß der Antinomien Helspers verortet werden. Gleichzeitig habe ich meine eigenen pädagogischen Ziele und Orientierungen sichtbar gemacht. Daraus ergibt sich, dass die von den SuS geäußerten Erwartungen die in der Theorie aufgestellten Antinomien bestätigen.

Verhalten von Lehreinnen und Lehrern unter Ungewissheit

An diese theoretische Einordnung der SuS-Erwartungen schließt sich die Frage an, inwiefern das Verhalten der LuL durch die aufgezeigten Antinomien beeinflusst wird. Wie bin ich in der Situation mit den Rückmeldungen umgegangen? Wie können sich LuL verhalten, die über das theoretische Wissen um die Antinomien und das Handeln unter Ungewissheit verfügen? Diesen Fragen gehe ich im Folgenden nach, indem zuerst eine weitere Theorie erläutert und auf die Praxis angewendet wird.

a) Die Theorie des Transaktionalen Modells der Lehrer-Schüler-Beziehung nach Horst Nickel

Zur theoretischen Beschreibung der Lehrer-Schüler-Beziehung hat Horst Nickel in den 1970er Jahren das dazugehörige Transaktionale Modell aufgestellt.[2] Die Grundannahme ist, dass sowohl die LuL die SuS beeinflussen als auch die SuS die LuL. Beide Akteure verfügen jeweils über einen soziokulturellen Bezugsrahmen, der sich beispielsweise aus zurückliegenden Erfahrungen oder Vergleichen speist. Dieser soziokulturelle Bezugsrahmen wirkt sich auf die weiteren Prozesse aus.

Die Lehrkraft nimmt das Verhalten eines Schülers bzw. einer Schülerin wahr, das wirkt sich auf eigene Einstellungen aus oder prägt Rollenerwartungen. Dies mündet in dem Verhalten der Lehrkraft, z.B. dem Unterrichtsstil oder der Leistungsbeurteilung. Dieses Verhalten wird wiederum von den SuS wahrgenommen, mit Erwartungen, Erfahrungen mit anderen LuL oder Gewohnheiten abgeglichen und resultiert in SuS-Verhalten. Auf diese Weise setzt sich der transaktionale Prozess fort (vgl. Nickel 1976, S. 164ff.; vgl. Rosemann/ Bielski 2001, S. 158ff.).

b) Anpassungsfähig wie ein Chamäleon

In der Situation, die als Ausgangspunkt der Reflexion dient, nehme ich in der Rolle der Lehrkraft die Erwartungen der SuS über die Äußerungen im Gespräch und die eingesammelten Rückmeldungszettel wahr. Auf diesem Weg äußern die SuS ihre Erwartungen explizit. Nachdem ich diese zur Kenntnis genommen habe, verändere ich teilweise mein Verhalten in der darauffolgenden Unterrichtsstunde in dieser Lerngruppe. Dazu zählen der wiederholende Stundeneinstieg und die Sammlung von Arbeitsergebnissen in Gruppen, die anschließend an der Tafel präsentiert werden. Die SuS registrieren diese Verhaltensänderung, indem sie in der schriftlichen Rückmeldung festhalten, dass die Kritik aus der letzten Stunde von mir umgesetzt wurde. Andere Erwartungen der SuS im Spannungsfeld zwischen Disziplinierung und Reifung/ Wachsenlassen habe ich in der nächsten Stunde nicht bewusst erfüllt, da ich beispielsweise nicht mehr Ermahnungen ausgesprochen und niemanden angeschrien habe.

Mithilfe der theoretischen Rahmung durch das Transaktionale Modell sind auch andere Vorgehensweisen der LuL vorstellbar: Möglich ist, dass die Lehrkraft das eigene Verhalten den Erwartungen der SuS anpasst, obwohl dies der eigenen Positionierung innerhalb der Antinomie widerspricht. Wie sieht die Verhaltensänderung der Lehrkraft aus, wenn die SuS innerhalb einer Lerngruppe gegensätzliche Erwartungen äußern, wie beispielsweise zwischen Freiheit

[2] Diese Theorie wird in pädagogisch-psychologischen Artikeln in den 2000er Jahren aufgegriffen (vgl. Ittel/Raufelder 2008, S. 76ff.; Rosemann/Bielski 2001, S. 158ff.).

(„Wir sind alt genug und arbeiten von selbst leise.“) und Zwang („Sie müssen uns mit schlechten Noten drohen.“)? Passt sich die Lehrkraft zuerst den SuS an, die nach der Androhung von schlechten Noten verlangen und in der nächsten Situation den SuS, die sich selbst regulieren möchten? Das Resultat wäre ein fortwährendes Anpassen des Verhaltens – 180°-Wendungen eingeschlossen. So eine Verhaltensweise ähnelt der eines Chamäleons, das die eigene Körperfarbe der Umgebung anpasst, um sich zu tarnen und nicht von Feinden erkannt zu werden. Ebenso kann sich eine Lehrkraft beständig den Erwartungen der SuS anpassen.

Schlussfolgerungen

Die Analyse der im Praxissemester erlebten Situation lässt den Schluss zu, dass die Erwartungen von SuS Einfluss auf das Verhalten von LuL nehmen. Es hat sich gezeigt, dass die Erwartungen der SuS sich in die konstitutiven Antinomien nach Helsper einordnen lassen. Somit zählen sie zu den Strukturbedingungen, die das Lehrerhandeln bestimmen. Neben den in dieser Analyse verwendeten Antinomien prägen weitere Spannungen das Handeln von LuL. Zudem können die SuS-Erwartungen innerhalb einer Lerngruppe gegensätzlich sein und der pädagogischen Haltung der Lehrkraft widersprechen.
Mithilfe dieser ersten Antwort auf die grundlegende Fragestellung und unter Hinzunahme empirischer Erkenntnisse wird im Folgenden genauer auf Möglichkeiten eingegangen, wie LuL mit SuS-Erwartungen professionell umgehen können. Zudem beschreibe ich, welche Bedeutung diese Erkenntnisse für meinen persönlichen Professionalisierungsprozess haben.

a) Zum professionellen Umgang mit SuS-Erwartungen

Für LuL ergibt sich aus der Analyse folgende Handlungsoption: Die LuL passen sich – wie ein Chamäleon – den jeweiligen Erwartungen der SuS, sprich den jeweiligen Polen der Antinomien, immer wieder neu an. Eine weitere denkbare Möglichkeit ist, dass sie anstreben, allen Erwartungen ein bisschen zu entsprechen und sich in der Mitte der Antinomien verorten. Diese zweite Handlungsoption stellt den Versuch dar, die Widersprüche zu nivellieren.
Ein Abgleich dieser Handlungsoptionen mit der Theorie Helspers zeigt jedoch, dass die Handlungsdilemmata, die zwischen zwei Antinomien entstehen, nicht aufgehoben werden können (vgl. Helsper 1996, S. 528). Somit entfällt eine Positionierung der Lehrkraft in der Mitte der Gegensätze als Umgangsweise mit SuS-Erwartungen. Aufgabe der professionell handelnden Lehrkraft ist es, wie Sabine Reh feststellt, zwischen Widersprüchen zu vermitteln und unter Unsicherheit zu handeln (vgl. Reh 2004, S. 363). Diese Definition von Professionalität schließt an Helspers Theorie an, die ebenfalls von einem Handeln unter Ungewissheit ausgeht. Gewissheit über die Reaktionen von SuS erlangen die LuL demzufolge auch nicht, indem sie sich fortwährend den Erwartungen der SuS anpassen und ihr Verhalten um 180° verändern. Diese beiden Handlungsoptionen entsprechen somit nicht einem professionellen Lehrerhandeln.
Wenn die zuvor vorgestellten Verhaltensweisen nicht als professioneller Umgang mit SuS-Erwartungen gelten, bedarf es Alternativen. Aus dem Bereich der empirischen Bildungsforschung wird konstatiert, dass eine „Lehrer/in *nie* alle Erwartungen der Schüler/innen erfüllen kann“ (Ulich 2001, S. 103; Hervorh. im Original) und vorgeschlagen, die eigenen Stärken und Schwächen zu akzeptieren. Zudem können LuL eine „eigene Linie“ (Ulich 2001, S. 103) in ihrer Beziehung zu den SuS finden. Unumgänglich ist es dennoch, die Erwartungen der SuS zu thematisieren und gegebenenfalls zu relativieren (vgl. Ulich 2001, S. 103). Die daraus entstehenden Widersprüche können LuL reflexiv handhaben (vgl. Helsper 1996, S. 528). Durch Reflexivität können LuL die Strukturbedingungen erkennen, denen ihr Handeln unterliegt und die pädagogische Arbeit erschweren und gleichzeitig ermöglichen (vgl. Reh 2004, S. 363ff.).

In der praktischen Umsetzung kann die systematische Reflexion des eigenen Handelns durch Fallarbeit im Team und Supervision gelingen (vgl. Helsper 2010, S. 26).

b) Zu meinem persönlichen Professionalisierungsprozess

Abschließend möchte ich die Erkenntnisse, die ich aus der Analyse der oben vorgestellten Situation gewonnen habe, in meinen eigenen Professionalisierungsprozess einordnen.
Es besteht für mich ein Zusammenhang zu meiner Rolle als Lehrerin. Im bisherigen Studium und insbesondere in der Vorbereitung auf das Praxissemester wurde die Herausbildung der eigenen Lehrkraftrolle thematisiert. Beispielsweise sollten wir aus der Positionierung zwischen Gegensatzpaaren, wie geduldig – ungeduldig, streng – nachsichtig, lehrerzentriert – schülerorientiert, Lehrkraft als Gärtner bzw. Gärtnerin – Lehrkraft als Bildhauer bzw. Bildhauerin, ein Selbstkonzept als angehende LuL entwickeln. Dieses subjektive Bild wurde im schulischen Teil des Praxissemesters mit den Erwartungen der SuS konfrontiert und führte zu Irritationen, die ich in diesem Beitrag schildere.
Durch den räumlichen und zeitlichen Abstand zur Schule und der erlebten Situation habe ich die Chance über die Auswirkungen von SuS-Erwartungen nachzudenken und dabei Theorien zu nutzen, um die Gedanken zu ordnen. Mithilfe der Theorie der Konstitutiven Antinomien kann ich die Erwartungen, die SuS an mich richten, systematisieren. Die Situation, die sich über zwei Unterrichtsstunden erstreckt und eine Verhaltensänderung meinerseits umfasst, kann ich anhand des Transaktionalen Modells der Lehrer-Schüler-Beziehung näherungsweise erklären. Dass ich mein eigenes Handeln auf diese Art und Weise reflektiere, zeigt, dass ich auf einem guten Weg bin, um die Widersprüche des LuL-Handelns reflexiv zu handhaben. Perspektivisch möchte ich mich über die Rückmeldungen von SuS verstärkt im Team austauschen, gegenseitige Unterrichtshospitationen ermöglichen und die Rückmeldung durch die SuS verstetigen und zu einem Bestandteil meines Unterrichts machen. Durch das Reflektieren meiner Handlungen möchte ich vermeiden, dass ich zu einem metaphorischen Chamäleon werde, das sich ständig anpasst. Dies bezieht sich nicht nur auf die Erwartungen von SuS, sondern auch auf die weiterer Akteure, wie Ausbilder bzw. Ausbilderinnen im Referendariat, Kollegen bzw. Kolleginnen oder Eltern.
Für mich stellen die Erwartungen, die SuS an LuL stellen, keine Gefahr dar, solange ich mir meine eigenen pädagogischen Ansichten vergegenwärtige und das Gespräch mit den SuS darüber suche. Denn ihre Erwartungen sind Teil der Strukturbedingungen, denen das LuL-Handeln unterliegt. Dementsprechend verstehe ich SuS-Erwartungen als Chance, um mit ihnen über das Lernen und Unterrichten ins Gespräch zu kommen und gemeinsam weiterzuentwickeln.

Literatur

DITTON, H./ ARNOLD, B. (2004): Wirksamkeit von Schülerfeedback im Fachunterricht. In: DOLL, J./ PRENZEL, M. (Hrsg.): Bildungsqualität von Schule: Lehrerprofessionalisierung, Unterrichtsentwicklung und Schülerförderung als Strategien der Qualitätsverbesserung. Münster, 152-172. Zitiert nach: GÄRTNER, H./ VOGT, A. (2013): Wie Lehrkräfte Ergebnisse eines Schülerfeedbacks verarbeiten und nutzen. In: Unterrichtswissenschaft 41, 252-267.

HELSPER, W. (1996): Antinomien des Lehrerhandelns in modernisierten pädagogischen Kulturen. Paradoxe Verwendungsweisen von Autonomie und Selbstverantwortlichkeit. In:

COMBE, A./ HELSPER, W. (Hrsg.): Pädagogische Professionalität. Untersuchungen zum Typus professionellen Handelns. Frankfurt am Main, 521-569.

HELSPER, W. (2010): Pädagogisches Handeln in den Antinomien der Moderne. In: KRÜGER, H./ HELSPER, W. (Hrsg.): Einführung in Grundbegriffe und Grundfragen der Erziehungswissenschaft. Opladen, 15-34.

ITTEL, A./ RAUFELDER, D. (2008): Lehrer und Schüler als Bildungspartner. Theoretische Ansätze zwischen Tradition und Moderne. Göttingen.

NICKEL, H. (1976): Die Lehrer-Schüler-Beziehung aus der Sicht neuerer Forschungsergebnisse. Ein transaktionales Modell. In: Psychologie in Erziehung und Unterricht 23, 153-172.

REH, S. (2004): Abschied von der Profession, von Professionalität oder vom Professionellen? Theorien und Forschung zur Lehrerprofessionalität. In: Zeitschrift für Pädagogik 50, 358-372.

ROSEMANN, B./ BIELSKI, S. (2001): Pädagogische Interaktion. In: ROSEMANN, B./ BIELSKI, S. (Hrsg.): Einführung in die Pädagogische Psychologie. Weinheim, 158-168.
ULICH, K. (2001): Die Lehrer/innen-Schüler/innen-Interaktion. In: ULICH, K. (Hrsg.): Einführung in die Sozialpsychologie der Schule. Weinheim, 76-115.

ULICH, K. (2001): Die Lehrer/innen-Schüler/innen-Interaktion. In: ULICH, K. (Hrsg.): Einführung in die Sozialpsychologie der Schule. Weinheim, 76-115.

Foto © R(ico) Dumcke / Universität Bielefeld

Vom Umgang mit Vielfalt in der Schule. Die Theorie des Labeling Approach

Heike Friedebold

Einleitung

Seit der Ratifizierung der ‚Covention of the United Nations of the rights of persons with disabilitys' im Jahr 2008 hat die darin enthaltene Forderung nach einem „inclusive education system" (UN-BRK 2008, S. 35) und somit das Thema Inklusion immens an Bedeutung gewonnen. Mit dem 9. Schuländerungsgesetz verpflichtete darauffolgend auch das Bundesland Nordrhein-Westfalen unter anderem alle seine Schulen zu gemeinsamem Unterricht von Schülerinnen und Schülern (SuS) mit und ohne diagnostizierten sonderpädagogischen Förderschwerpunkt (vgl. 9. SchulRÄndG, NW 2014, S. 15; SchulG, NW 2016, S. 6). Die sonderpädagogische Förderung ist seitdem nicht mehr ausschließlich die Aufgabe von Förder- bzw. Sonderschulen, sondern soll auch an allgemeinen Schulen stattfinden. In den gesetzlichen Regelungen findet sich ein bestimmtes Konzept von Inklusion wieder. Wie genau Inklusion an den Schulen umgesetzt wird, hängt unter anderem auch von den Interpretationen des Konzeptes durch die Lehrerinnen und Lehrer (LuL) ab. Für die Untersuchung des Unterrichts einer Lehrkraft und den Abgleich mit einer Idee von Inklusion, ist ein klar definiertes Inklusionsverständnis notwendig. Das diesem Artikel zugrundeliegende Inklusionsverständnis ist an Biewer und Schütz angelehnt. Sie verstehen unter inklusiver Pädagogik eine Theorie zur Bildung, die Etikettierung und Klassifizierung ablehnt, für Partizipation in allen Lebensbereichen plädiert und auf eine strukturelle Veränderung abzielt, um der Verschiedenheit aller SuS gerecht zu werden (vgl. Biewer/Schütz 2016, S. 125). Die Klärung des eben angeführten Inklusionsverständnisses ist aufgrund der Bedeutungsvielfalt des Begriffes der Inklusion und insbesondere aufgrund seiner oft fehlenden Abgrenzung zum Begriff der Integration notwendig.
Im Rahmen des Praxissemesters habe ich am gemeinsamen Unterricht von SuS mit und ohne diagnostizierten sonderpädagogischen Förderschwerpunkt an einer Gesamtschule teilgenommen. Dabei habe ich den Umgang mit Vielfalt beobachtet und das Inklusionsverständnis einer Lehrkraft unter Anlehnung an Biewer und Schütz untersucht. Es stellte sich mir die Frage, inwiefern der gemeinsame Unterricht von SuS mit und ohne sonderpädagogischen Förderschwerpunkt dem vorliegenden Inklusionsverständnis entspricht. Während der Untersuchungen kristallisierte sich eine besonders interessante Situation bzw. Entwicklung heraus, die im weiteren Verlauf dieses Textes mithilfe der Theorie des Labeling Approach analysiert wird und das Thema meiner Reflexionsprüfung war. Folgend wird zunächst die beobachtete Situation auf der Makroebene eingeordnet und auf der Mikroebene beschrieben. Im Anschluss daran werden drei Problemfragen aufgeworfen, die mithilfe der Analyse der Situation geklärt werden. Die Grundlage der Analyse bildet die Theorie des Labeling Approach. Daran anschließend werden weitere mögliche Handlungsoptionen für inklusiven Unterricht eröffnet und schließlich ein Fazit gezogen und ein Ausblick gegeben.

Situationsbeschreibung

Makroebene

Neben der Implementierung von Inklusion führte das Land Nordrhein-Westfalen 2011/2012 neue Kernlehrpläne ein, mit denen eine Standardisierung einherging (vgl. Hansen 2016, S. 195). Die vorgegebenen Bildungsstandards, die am Ende ausgewählter Klassenstufen in Form von Kompetenzen erreicht werden müssen und Inklusion als Teil einer Individualisierung, die gemeinsamen Unterricht von SuS mit und ohne diagnostizierten sonderpädagogischen Förderschwerpunkt fordert, stehen sich seitdem gegenüber. Das heißt aber nicht, dass sie sich widersprechen oder unvereinbar sind. Für die folgende Analyse ist diese Einbettung der Situation auf der Makroebene von Bedeutung, da sie aufzeigt, in welcher Situation sich Lehrkräfte an allgemeinen Schulen in Nordrhein-Westfalen derzeit befinden. Es stellt sich die Frage, wie Lehrkräfte die an sie gestellten Anforderungen miteinander im Schulalltag vereinbaren.

Mikroebene

Die Lehrkräfte der untersuchten Gesamtschule, die sich laut eigener Homepage auch als eine ‚Schule für alle' versteht, müssen sowohl der Inklusions- als auch der Standardisierungs-Agenda folgen. Im Unterricht sind bereits verschiedene Aufgabenniveaus, kooperatives Lernen und multiprofessionelle Teams als Merkmale inklusiven Unterrichts wiederzufinden. Kritisch aufgefallen ist mir bei meinen entsprechenden Beobachtungen besonders eine Situation, weil sie einen Kontrast zu dem bereits angeführten Inklusionsverständnis von Biewer und Schütz dargestellt hat. Inwiefern diese Situation damit der Idee von Inklusion widerspricht, wird nach der genauen Beschreibung der Situation analysiert.
In einer Unterrichtsstunde (Zeitpunkt A) sollen die SuS nach einer Gruppenarbeit in jeder Gruppe einen Schüler bzw. eine Schülerin wählen, die bzw. der die Ergebnisse im Plenum vorstellt. In einer Gruppe wählen die SuS Kai[1], einen Schüler mit diagnostiziertem sonderpädagogischen Förderschwerpunkt aus, der sich im Vorhinein zur Wahl gestellt hat. Als die Lehrkraft von der getroffenen Wahl erfährt, rät sie der Gruppe jemand anderes auszuwählen. Die Gruppe wählt einen Schüler ohne diagnostizierten sonderpädagogischen Förderschwerpunkt.
In einer darauffolgenden Stunde (Zeitpunkt B) findet wieder eine Gruppenarbeit statt und wieder sollen die SuS jemanden für die Ergebnispräsentation auswählen. Kai stellt sich wieder zur Wahl. Diesmal wird er nicht mehr von seinen Mitschülerinnen und Mitschülern gewählt, vermutlich, weil sie sich an die von der Lehrkraft in der letzten Stunde getroffene Aussage erinnern. In einer weiteren Stunde (Zeitpunkt C) stellt sich Kai seiner Gruppe nicht mehr Verfügung.
Aus dieser Situation ergeben sich drei Problemfragen, die im Folgenden mithilfe der Theorie des Labeling Approach beantwortet werden:

1) Wieso rät die Lehrkraft der Gruppe zum Zeitpunkt A einen anderen Schüler auszuwählen?
2) Wieso wählen die SuS zum Zeitpunkt B direkt einen anderen Schüler aus?
3) Wieso stellt sich Kai zum Zeitpunkt C nicht mehr zur Verfügung?

Theoretischer Rahmen

Die Theorie des Labeling Approach, die im deutschsprachigen Raum als Theorie abweichenden Verhaltens oder als Etikettierungsansatz bekannt ist, basiert auf den Grundannahmen der Kriminologen Tannenbaum und Lemert. Bereits 1938 stellte Tannenbaum in seiner Monographie „Crime and Community" die These auf, dass ein junger Mensch, dessen Verhalten als "schlecht" bewertet werde, sich letztlich entsprechend dieser Bewertung bzw. Zuschreibung verhielte: „The young deliquent becomes bad because he is defined as bad" (Tannenbaum 1938, S. 17). Diesen Gedanken vertiefte Lemert 1951 mit den Begriffen der primären und der sekundären Devianz. Devianz meine ein „Verhalten, das mit geltenden Normen [, die durch gesellschaftliche Erwartungen definiert sind,] nicht übereinstimmt" (Lamnek 2007, S. 297f). Inwieweit ein Verhalten nicht mit geltenden Normen übereinstimme, hänge von der jeweiligen

[1] Name geändert.

sozialen Reaktion ab, da sich etablierte Normen unterschieden (vgl. Lemert 1951 zit. nach ebd., S. 227). Epilepsie beispielsweise gelte „in manchen Gesellschaften als Behinderung, in anderen [eröffne] sie den Zugang zur sozial hoch bewerteten Position des Schamanen“ (ebd.). Die primäre Devianz sei in diesem Zusammenhang die dem jungen Mann von anderen Personen zugeschriebene Abweichung. Dem jungen Mann werden demnach ganz bestimmte Daten und Eigenschaften untergeschoben, „die sich in keiner Weise aus seinem objektiv beobachteten Verhalten ableiten lassen“ (ebd., S. 228). Als „entscheidende Ursache“ (ebd.) für den weiteren Verlauf sei die jeweilige offizielle Kontrollagentur. Diese etikettiere oder stigmatisiere den jungen Mann als deviant. Indem sich die anderen konformen Mitglieder der Gesellschaft der offiziellen Kontrollagentur anschließen, sei der junge Mann gezwungen, sich mit dem ihm zugeschriebenen Etikett bzw. Stigma auseinanderzusetzen. Der Verlauf ließe sich auch als „Aufschaukelungsprozess“ (ebd.) bezeichnen und ende erst dann, wenn der junge Mann seine abweichende Rolle akzeptiert habe. Unter der sekundären Devianz versteht Lemert demnach die übernommene Abweichung (vgl. ebd.). Der junge Mann übernahm seine deviante Rolle. Am Beispiel Tannenbaums können die Begriffe der primären und sekundären Devianz Lemerts veranschaulicht werden: Der junge Mann begeht am Ende des Prozesses eine Straftat (sekundäre Devianz), weil man ihm vorab Straftätigkeit zugeschrieben hat (primäre Devianz).

Der Soziologe Goffman griff die Theorien der Kriminologen in seiner Monografie „Stigma. Über Techniken der Bewältigung beschädigter Identitäten“ auf und wird seitdem immer wieder von Autorinnen und Autoren, die sich mit schulrelevanten Themen befassen, zitiert. Zu diesen Autorinnen und Autoren gehören unter anderem auch Jahnke und von Kardorff. Der Etikettierungsansatz nach Jahnke ist ein „Prozess“ (Jahnke 1982, S. 167), der bei negativen, abwertenden Etikettierungen als Stigmatisierung bezeichnet wird (vgl. ebd.). SuS, die aufgrund ihrer Schichtzugehörigkeit und ihres familiären Milieus oder aufgrund anderer negativ bewerteter Merkmale nicht den schulischen Normen entsprächen, wichen von den anderen SuS ab. Als schulische Norm nennt Jahnke 1982 die Mittelschichtenorientierung der Schulen und Lehrkräfte. Mit der Normabweichung gehe eine bestimmte implizite Persönlichkeits- und Abweichungstheorie der Lehrkraft einher. Der Schüler, der von der Norm abweiche, werde einem Stereotyp zugeordnet. Auf dieser Grundlage typisiere die Lehrkraft den Schüler. Diese Typisierung präge die Erwartungshaltung der Lehrkraft. Somit sei die Wahrnehmung des Schülerverhaltens durch die Lehrkraft laut Jahnke verzerrt. Die Lehrkraft beurteile den Schüler allerdings auf Basis der verzerrten Wahrnehmung, was eine bestimmte Behandlung des Schülers durch die Lehrkraft impliziere. Der Schüler werde deshalb bei der Notengebung oder der Unterrichtung benachteiligt. Das Selbstbild des Schülers ändere sich aufgrund der Behandlung durch die Lehrkraft. Er passe sein Verhalten an die Erwartungen der Lehrkraft an. Am Ende des Prozesses übernähme er das ihm zugeschriebene Bild und die darin enthaltenen Fähigkeiten in sein Selbstbild. Der Prozess beeinflusse somit die Schullaufbahn des Schülers (vgl. ebd., S. 170).

Während in Jahnkes Beispiel der Schüler aufgrund seiner Schichtzugehörigkeit von den Normen abweicht, unterscheidet sich der Schüler des vorliegenden Beispiels aufgrund seines sonderpädagogischen Förderschwerpunktes von seinen Mitschülern und Mitschülerinnen.

Folgend wird die Situation zunächst unter Rückgriff auf die Theorie von Jahnke analysiert. Da somit nur ein Teil der aufgeworfenen Fragen beantwortet werden kann, wird die Analyse mit Bezug auf Lemert ergänzt. Abschließend wird in einem kurzen Exkurs ein neuer Aspekt unter Rückgriff auf von Kardorff aufgeworfen.

Offen ist auch die Frage, wieso eine Theorie, die aus der Kriminologie stammt, auf die Schule angewendet wird. Dazu ist festzustellen, dass sowohl Kriminologinnen und Kriminologen als auch Lehrerinnen und Lehrer (LuL) in ihrem Berufsalltag Urteile fällen, die folgenreich für das

Leben anderer Menschen sein können (vgl. Oevermann 1996 zit. nach Radtke 2001, S. 1). Die Gemeinsamkeit beider Berufe besteht also darin, dass beide Personengruppen Entscheidungen treffen, die sich auf andere Personen auswirken und deren Leben bestimmen können. Aufgrund des besonders lizensierten Interventions- und Eingriffsrechts in die Lebenspraxis von Individuen, sollten Personen beider Berufsgruppen mögliche Auswirkungen reflektieren und mithilfe von Theorien erschließen können (vgl. ebd.). Im Folgenden wird deshalb unter anderem auch die Relevanz aufgezeigt, die LuL hinsichtlich des Selbstbildes von SuS zukommt. Diese Erkenntnis ist für die Professionalisierung von LuL von besonderer Bedeutung.

Analyse

Verknüpft man die beschriebene Situation mit dem Labeling Ansatz von Jahnke, stellt sich zunächst die Frage, weshalb Kai von den anderen SuS abweichen und warum er nicht den schulischen Normen entsprechen sollte. Wie in der Situationsbeschreibung bereits erläutert wurde bei Kai ein sonderpädagogischer Förderschwerpunkt diagnostiziert. Aufgrund dieser Diagnose, die bereits als Stigma bezeichnet werden kann, setzt der Stigmatisierungsprozess ein. Kai, der sich zum Zeitpunkt A für die Ergebnispräsentation zur Verfügung stellt, weicht eben wegen seiner Diagnose von den schulischen Normen ab. Da ihm aufgrund des sonderpädagogischen Förderschwerpunktes eine besondere Förderung zusteht, entspricht er nicht der Norm und nimmt eine Sonderstellung in der Klasse ein. Im Vergleich zu Jahnke unterscheidet Kai sich somit nicht aufgrund seines familiären Milieus von den anderen SuS, sondern aufgrund seiner diagnostizierten Behinderung. Die Lehrkraft verbindet mit der Diagnose des sonderpädagogischen Förderschwerpunktes gewisse Fähigkeiten sowie Unfähigkeit. Dies kennzeichne laut Jahnke die implizite Theorie der Lehrkraft (vgl. Jahnke 1982, S. 170). Sie typisiert Kai unter Bezugnahme auf seinen Förderschwerpunkt und baut darauf ihre Erwartungen auf. Die Erwartungen der Lehrkraft können aufgrund der vorangegangenen Diagnose des sonderpädagogischen Förderbedarfs verzerrt sein. Das heißt, dass die Erwartungen nicht unbedingt den eigentlichen Fähigkeiten bzw. Kompetenzen von Kai entsprechen. Jahnke bezeichnet derartige Einschätzungen von Lehrkräften auch als „Laientheorien“ (Ebd., S. 168), die weder valide noch reliabel oder objektiv sind und somit nicht den Gütekriterien empirischer Sozialforschung entsprechen. So werden schlechte Schulleistungen beispielsweise nach Jahnke von einigen Lehrkräften mit den weiteren Eigenschaften ‚faul‘, ‚nachlässig‘, ‚unehrlich‘ oder ‚ungezogen‘ assoziiert (vgl. ebd.). Somit ist Sinne dieses Ansatzes anzunehmen, dass auch die Lehrkraft ein ganz bestimmtes Bild von Kai hat, das in dieser Situation der Grund dafür sein kann, dass sie zum Zeitpunkt A die anderen SuS bittet, eine andere Wahl zu treffen. Das Bild könnte die Unfähigkeit Kais für die geforderte Aufgabe beinhalten. Nachdem Kai von der Lehrkraft bewertet wurde und sich mit dem ihm dadurch zugeschriebenen Bild auseinandergesetzt hat, übernimmt er zum Zeitpunkt C das von ihm erwartete Verhalten. Kai hat sein Verhalten an dem der Lehrkraft ausgerichtet und die ihm zugeschriebene Rolle mit den dazugehörigen Fähigkeiten und Unfähigkeiten angenommen. Aus der Annahme der Lehrkraft, nach der Kai für die beschriebene Aufgabe eher nicht geeignet zu sein scheint, wäre im Sinne dieser theoriegestützten Erklärung also ein Prozess entstanden, an dessen Ende der betroffene Schüler selbst zu glauben scheint, dass er die Fähigkeiten für diese Aufgabe nicht hat. Dies kann zur Folge haben, dass Kai zukünftig seine Fähigkeiten womöglich falsch einschätzt. Eine Auswirkung derer sich die Lehrkraft während ihrer Handlung womöglich nicht bewusst war. Laut Jahnke seien sich Lehrkräfte der Einzelheiten solcher Prozesse oft nicht bewusst, da es die Selektivität ihrer Wahrnehmung, die Subjektivität ihrer Beurteilung, ihr individueller Spielraum und ihre Macht nicht erlauben würden (vgl. ebd., S. 170). Die Analyse der Situation mithilfe des Labeling Approach bietet also eine Erklärung für das Verhalten der Lehrkraft zum Zeitpunkt A, ihr Eingreifen in die Wahl der Gruppe, und Kais Entscheidung zum Zeitpunkt C,

sich nicht mehr für die Ergebnispräsentation zur Verfügung zu stellen. Offen blieb bisher die Rolle der anderen SchülerInnen, die im Folgenden analysiert wird. Hierzu wird Bezug auf die Theorie der primären und sekundären Devianz von Lemert genommen.
Ebenso wie bei Jahnke setzt der Prozess der Stigmatisierung bei Lemert mit der Normabweichung ein. Der vorliegende Förderbedarf wird von der Lehrkraft als andersartig klassifiziert, da sie Kai im Gegensatz zu den anderen SuS die Fähigkeit der Ergebnispräsentation nicht zuschreibt. Die Diagnose zeichnet Kai in einer gewissen Art und Weise aus. Lemert spricht in diesem Zusammenhang von einem Unterschieben von Daten und Eigenschaften (vgl. Lemert 1951 zit. nach Lamnek 2007, S. 228). Diese Zuschreibungen bezeichnet er als primäre Devianz (vgl. ebd.). Dadurch, dass Kai eine allgemeine Schule und keine Förder- bzw. Sonderschule besucht, kommt es erst zur Normabweichung. In einer Förder- bzw. Sonderschule würde Kai nicht von den dort etablierten Normen abweichen und der Prozess der Stigmatisierung würde womöglich nicht einsetzen. Dies ist allerdings eine These, die mit dem vorliegenden Material weder belegt noch widerlegt werden kann. Aufgrund der Abweichung urteilt die Lehrkraft zum Zeitpunkt A über Kai im Beisein der anderen SuS. Dadurch wird Kai gelabelt. Entscheidend hierbei ist, dass das Label von der wie es Lemert nennt „offiziellen Kontrollagentur" (Lamnek 2007, S. 228), in diesem Falle von der Lehrkraft, kommt. Auf dieses öffentlich geäußerte Label bzw. Stigma der Lehrkraft reagieren die andere SuS mit der Übernahme des Labels zum Zeitpunkt A, als sie nach Anweisung der Lehrkraft einen anderen Schüler auswählen, und zum Zeitpunkt B, als sie ohne Anweisung der Lehrkraft direkt einen anderen Schüler auswählen. Die „Reaktion der anderen konformen Mitglieder der Gemeinschaft" (Lemert 1951 zit. nach ebd., S. 227), führe laut Lemert zu einer Intensivierung des Prozesses. In diesem Fall könnte man die SuS als derartige Mitglieder bezeichnen. Kai wird von ihnen zu den Zeitpunkten A und B mit dem Label konfrontiert und setzt sich daraufhin damit auseinandersetzen. Die Situation spitzt sich somit solange zu, bis Kai die abweichende Rolle zum Zeitpunkt C akzeptiert und das ihm zugeschriebene Selbstbild übernimmt. Am Ende des Prozesses stehe die sekundäre Devianz, die letztendlich aus der primären Devianz entstanden sei (vgl. ebd., S. 228). Aus dem öffentlichen, unbegründeten Unterschieben von Unfähigkeiten resultiert die Übernahme der Unfähigkeit. An dieser Stelle sei nochmal auf die von Lemert angeführte kulturelle und gesellschaftliche Abhängigkeit von Normen hingewiesen (vgl. Lemert 1951 zit. nach ebd., S. 227). Würde Kai eine andere Schule besuchen, auf der er mit seiner Diagnose der Norm entspräche, dann hätte die hier analysierte Stigmatisierung womöglich nicht stattgefunden. Die Analyse der Situation unter Rückgriff auf Lamnek hat eine Möglichkeit aufgezeigt, warum die SuS zum Zeitpunkt A und zum Zeitpunkt B das Label der Lehrkraft übernommen haben und Kai nicht für die Ergebnispräsentation auswählten. Ebenso wie anhand des Modells von Jahnke, konnte mit Lamnek eine mögliche Antwort auf die Frage nach den Gründen für das Eingreifen der Lehrkraft zum Zeitpunkt A und für das nicht mehr zur Verfügung stellen des Schülers mit diagnostiziertem sonderpädagogischen Förderschwerpunkt zum Zeitpunkt C gefunden werden.
Abschließend stellt sich die Frage, wieso es zur Stigmatisierung beziehungswese zum Labeln durch die Lehrkraft kommt. Stigmata bzw. Klassifikationen reduzieren laut von Kardorff Komplexität, sie sichern Handlungsoptionen und entlasten von Reflexion (vgl. von Kardorff 2016, S. 408f). Die Stigmata oder Klassifikationen müssen dabei nicht den wirklichen Fähigkeiten der SuS entsprechen, da sie das „Ergebnis einer im kollektiven sozialen Gedächtnis gespeicherten und im Verlauf sozialen Wandels erzeugten gesellschaftlichen Konstruktion, die nur als zweite Natur erscheint" (ebd., S. 407) sind. Auch Sturm meint, dass Unterschiede zwischen SuS dort konstruiert und gesehen werden, wo sie das Konzept des Unterrichts (scheinbar) betreffen bzw. irritieren (vgl. Sturm 2010, S. 154). Problematisch hierbei ist, dass die stigmati-

sierte Person ein Label erhält, unter dem sie fortan in allen ihren Lebensäußerungen von anderen gesehen und bewertet wird. Die Stigmatisierung eines Schülers bzw. einer Schülerin ist somit nicht nur für dessen bzw. deren Schullaufbahn, sondern auch für alle weiteren Lebensbereiche folgenreich. Kai beispielsweise könnte möglicherweise auch noch nach Beendigung der Schule glauben, dass er nicht in der Lage sei, Ergebnisse einer Gruppe zu präsentieren, was Auswirkungen auf sein Berufsleben haben könnte.
Die Bedeutsamkeit bzw. die Folgen einer stigmatisierenden Situation für einen Schüler bzw. eine Schülerin mit sonderpädagogischem Förderbedarf verdeutlicht ein Vergleich mit den Ursprüngen der Theorie des Labeling Approach. Der Kriminologe Tannenbaum stellte die These auf, dass ein junger Mensch straftätig wird, weil man ihm von außen diese Straftätigkeit aufgrund bestimmter ihn betreffender Eigenschaften unterstellt bzw. zuschreibt (vgl. Tannenbaum 1938, S. 17). Die Zuschreibungen führen letztendlich dazu, dass er eine Straftat begeht, die beispielsweise zu einer Freiheitsstrafe führt, die den weiteren Lebenslauf negativ prägt. Der Vermerk im Führungszeugnis beeinflusst zum Beispiel die Arbeits- und Wohnungssuche nach der Entlassung aus dem Gefängnis. Sein von Normen (scheinbar) abweichendes Verhalten am Anfang resultiert in einem realen abweichenden Verhalten. Die Folgen der Stigmatisierung eines Schülers bzw. einer Schülerin mit sonderpädagogischem Förderbedarf sind zwar anders, aber der Vergleich zeigt, wie schwerwiegend die Art und Weise der Folgen sein kann. Jahnke bezeichnet Stigmatisierungsprozesse in der Schule auch als einen „Teufelskreis“ (Jahnke 1982, S. 169), weil der Lernort Schule die sozialen Chancen der SchülerInnen beeinflusst und ihre Identität sowie ihr Selbstwertgefühl prägt (vgl. ebd.). Auch Höhn hat belegen können, dass Stigmata in der Schule zu „einem Teufelskreis, [aus] Mißerfolge[n], Leistungsverschlechterungen und soziale[r] Isolierung“ (Höhn 1967 zit. nach Jahnke 1982, S. 168) führen. Interessant erscheinen an dieser Stelle auch die Ergebnisse der Studien von Schaeffer und Finzen, die herausfanden, dass „Menschen [mit einer Beeinträchtigung] sich weniger durch die Beeinträchtigung selbst als durch die diesbezüglichen sozialen Reaktionen verletzt fühlen“ (Schaeffer 2009 zit. nach von Kardorff 2016, S. 410 + Finzen 2013 zit. nach ebd.).

Reflexion

Die Übernahme des in diesem Falle Kai zugeschriebenen Selbstbildes, das in dieser Situation die Unfähigkeit der Ergebnispräsentation beinhaltete, könnte das Ergebnis des Handels der Lehrkraft und des anschließend einsetzenden Stigmatisierungsprozesses sein. Am Ende dieses Prozesses denkt Kai möglicherweise, dass er diese Aufgabe wirklich nicht bewältigen kann, obwohl er zu Beginn des Prozesses die Präsentation der Ergebnisse übernommen hätte. Erst durch das Eingreifen der Lehrkraft und den darauffolgenden Reaktionen der anderen SuS würde Kai an seinen Fähigkeiten zweifeln und übernahm am Ende das ihm von außen zugeschriebene Selbstbild. Die Lehrkraft ist in dieser Situation von ausschlaggebender Bedeutung, da sie den Prozess in Gang setzt. Somit kommt die Frage auf, welche Handlungsoptionen Lehrkräfte zur Vermeidung solcher Stigmatisierungsprozesse haben.

Handlungsalternativen

Obwohl die Lehrkraft verschiedene Aufgabenniveaus anbot, kooperatives Lernen unterstützte, im multiprofessionellen Team zusammen mit einer Sonderpädagogin arbeitete und somit einige der von Hansen und von Kardorff genannten Möglichkeiten der inklusiven Unterrichtsgestaltung bereits aufgriff (vgl. Hansen 2016, S. 196), handelte sie nicht in Gänze im Sinne der inklusiven Pädagogik, da sie durch ihr Verhalten etikettierte und klassifizierte. Dass sie sich trotz der gegebenen Umstände aufgrund ihrer selektiven Wahrnehmung, ihrer subjektiven Beurteilung, ihres individuellen Spielraums und ihrer ausgeübten Macht (Vgl. Jahnke 1982, S.

170), der Folgen ihres Eingreifens womöglich nicht bewusst war, eröffnet die Frage, was sie darüber hinaus noch hätte tun könnte. Von Kardorff weist in diesem Zusammenhang auf Rollenspiele hin, die die Empathiefähigkeit fördern, indem die Fähigkeit sich in sein Gegenüber hineinzuversetzen geschult wird (vgl. von Kardorff 2016, S. 411). Solche Rollenspiele können zum einen innerhalb des Kollegiums und zum anderen in einer Klasse durchgeführt werden. Somit könnten Situationen, wie Zeitpunkt A und B, eventuell vorgebeugt und vermieden werden. Weitere Strategien der Entstigmatisierung zählen unter anderem Meister und Schnell (vgl. Meister und Schnell 2012, S. 184ff.) sowie Prengel (vgl. Prengel 2012, S. 175ff.) auf. Alle Autoren und Autorinnen stimmen in einem Punkt überein, indem sie alle die Notwendigkeit von Reflexion der Unterrichtsvorbereitung, -durchführung und -nachbereitung mit fachdidaktischen und fachwissenschaftlichen Erkenntnissen betonen. Die Rolle von Lehrkräften als forschend-reflektierende Praktikerinnen und Praktiker gewinnt mit der Etablierung von Inklusion in allgemeinen Schulen an Bedeutung. Forschend reflektierende Tätigkeiten sind seit 2011 in Form des Praxissemesters auch in der Lehrerausbildung wiederzufinden. Das hier analysierte Beispiel zeigt nicht nur die Notwendigkeit einer reflexiven Haltung von Lehrkräften auf, sondern verdeutlicht auch die Anforderungen oder auch Herausforderungen, die mit dem gemeinsamen Unterricht von SuS mit und ohne Beeinträchtigung einhergehen.

Schlussfolgerungen

Der Umgang mit Vielfalt im hier analysierten Unterricht entspricht der Idee von Inklusion bisher nur teilweise,[2] da die inklusive Pädagogik nach Biewer und Schütz Etikettierung und Klassifizierung ablehnt, aber im beobachteten Unterricht Stigmatisierungsprozesse zu beobachten waren. Damit der Unterricht in Gänze dem hier zugrundeliegenden Inklusionsverständnis gerecht wird, müssten unter anderem entstigmatisierende Vorkehrungen getroffen werden. Auf der einen Seite könnte man Diagnosen sonderpädagogischer Förderung abschaffen, was allerdings Auswirkungen auf finanzielle Mittel und Expertenwissen hätte, auf der anderen Seite könnte man die Feststellung von individuellen Förderbedarfen und die Erstellung individueller Förderpläne auf alle SuS ausweiten, sodass kein Schüler und keine Schülerin durch ihre Diagnose eine Sonderstellung erhält. Beide Optionen haben ihre Vor- und Nachteile und müssten in der Praxis erst evaluiert werden.

Letztendlich zähle laut Sliwka, dass Unterschiede als Gewinn und als Lernressource angesehen werden (vgl. Sliwka 2014, S 171) und nicht mithilfe von Etikettierungen oder Klassifizierungen Vereinheitlichung betrieben wird. Schließlich unterschieden sich SuS laut Nuding und Stanislowski auch in ihrem Geschlecht, ihren sozialen Bedingungen, ihrer Ethnie, ihrer Nationalität, ihrem Alter, ihrer körperlichen Verfassung, ihrer Intelligenz (vgl. Nuding/Stanislowski 2013, S. 3) und in weiteren Merkmalen, sodass die von Sliwka erwähnte Einstellung oder auch Haltung bereichernd für alle SuS ist. So wirkt sich Inklusion am Ende nicht nur positiv auf SuS mit diagnostizierten sonderpädagogischen Förderschwerpunkten, sondern auf alle SuS aus. Eine Studie von Hansen unterstützt diese These, da sie zeigt, „dass besonders dort positive Effekte auf das soziale, emotionale und kognitive Lernen zu beobachten sind, wo Lehrkräfte in Klassen mit unterschiedlichen Lernniveaus nicht auf eine Nivellierung von Leistungen abzielen, sondern auf eine konsequente Förderung der individuellen Lern- und Leistungspotentiale setzen“ (Hansen 2016, S. 196). Der Versuch Etikettierung und Klassifizierung zu vermeiden ist somit für alle von Vorteil.

---

[2] Wenn man ein anderes Inklusionsverständnis zugrunde legen würde, dann könnten die Ergebnisse der Analyse anders ausfallen und der Umgang mit Vielfalt würde vielleicht bereits der Idee von Inklusion entsprechen.

Literaturverzeichnis

BIEWER, G./SCHÜTZ, S. (2016): Inklusion. In: HEDDERICH, I. (Hrsg.): Handbuch Inklusion und Sonderpädagogik. Bad Heilbrunn, S. 123-127.

GOFFMAN, E. (1963): Stigma. Notes on the management of spoiled identity. New York.

GOFFMAN, E. (2010, übers. v. Frigga Haug): Stigma. Über Techniken der Bewältigung beschädigter Identitäten. Frankfurt am Main.

HANSEN, C. (2016): Inklusive Schulentwicklung. In: HEDDERICH, I. (Hg.): Handbuch Inklusion und Sonderpädagogik. Bad Heilbrunn, S. 194-199.

JAHNKE, J. (1982): Sozialpsychologie der Schule. Opladen.

LAMNEK, S. (2007): Theorien abweichenden Verhaltens I. Klassische Ansätze. Eine Einführung für Soziologen, Psychologen, Juristen, Journalisten und Sozialarbeiter. Paderborn.

LEMERT, E. (1951): Social Pathology. A systematic Approach to the Theory of Sociopathiv Behavior. New York.

MEISTER, U./ SCHNELL, I. (2012): Gemeinsam und individuell – Anforderungen an eine inklusive Didaktik. In: MOSER, V. (Hrsg.): Die inklusive Schule. Standards für die Umsetzung. Stuttgart, S. 184-189.

Synoptische Darstellung des Schulgesetzes mit Begründungen zu den einzelnen Änderungen (9.SchulRÄndG,NW) vom 01.08.2014. Online: https://www.schulministerium.nrw.de/docs/Schulsystem/Inklusion/Rechtliches/Synoptische-Darstellung-des-Schulgesetzes.pdf (22.07.2016).

Schulgesetz für das Land Nordrhein-Westfalen (SchulG,NW) vom 14.06.2016. Online: https://www.schulministerium.nrw.de/docs/Recht/Schulrecht/Schulgesetz/Schulgesetz.pdf, (22.07.2016).

NUDING, A./STANISLOWSKI, M. (2013): Grundlagen und Grundfragen der Inklusion. Theorie und Praxis des inklusiven Unterrichtens. Baltmannsweiler.

RADTKE, F. (2001): Professionalisierung der Lehrerbildung durch Autonomisierung, Entstaatlichung, Modularisierung. In: SOWI-ONLINEJOURNAL, einzusehen unter: http://www.sowi-online.de/sites/default/files/radtke.pdf, Stand: 09.09.2016.

PRENGEL, A. (2012): Humane entwicklungs- und leistungsförderliche Strukturen im inklusiven Unterricht. In: MOSER, V. (Hrsg.): Die inklusive Schule. Standards für die Umsetzung. Stuttgart, S. 175-183.

SLIWKA, A. (2014): Von „Heterogenität als Problem" zu „Diversität als Gewinn": Alberta/Kanada als Vorbild für den Weg zu inklusiver Bildung und Didaktik. In: SCHUPPENER, S. (Hrsg.): Inklusion und Chancengleichheit. Diversität im Spiegel von Bildung und Didaktik. Bad Heilbrunn, S. 168-184.

STURM, T. (2010): Differenzkonstruktion im Kontext unterrichtlicher Praktiken. In: dies./SCHWOHL, J. (Hrsg.): Inklusion als Herausforderung schulischer Entwicklung. Widersprüche und Perspektiven eines erziehungswissenschaftlichen Diskurses. Bielefeld, S. 141-158.

TANNENBAUM, F. (1938): Crime and Community. Boston.

UN- Behindertenrechtskonvention. Übereinkommen über die Rechte von Menschen mit Behinderungen (UN-BRK) vom Oktober 2014. Online: https://www.behindertenbeauftragter.de/SharedDocs/Publikationen/DE/Broschuere_UNKonvention_KK.pdf?__blob=publicationFile (22.07.2016).

VON KARDORFF, E. (2016): Stigma/Stigmatisierung. In: HEDDERICH, I. (Hrsg.): Handbuch Inklusion und Sonderpädagogik. Bad Heilbrunn, S. 407-412.

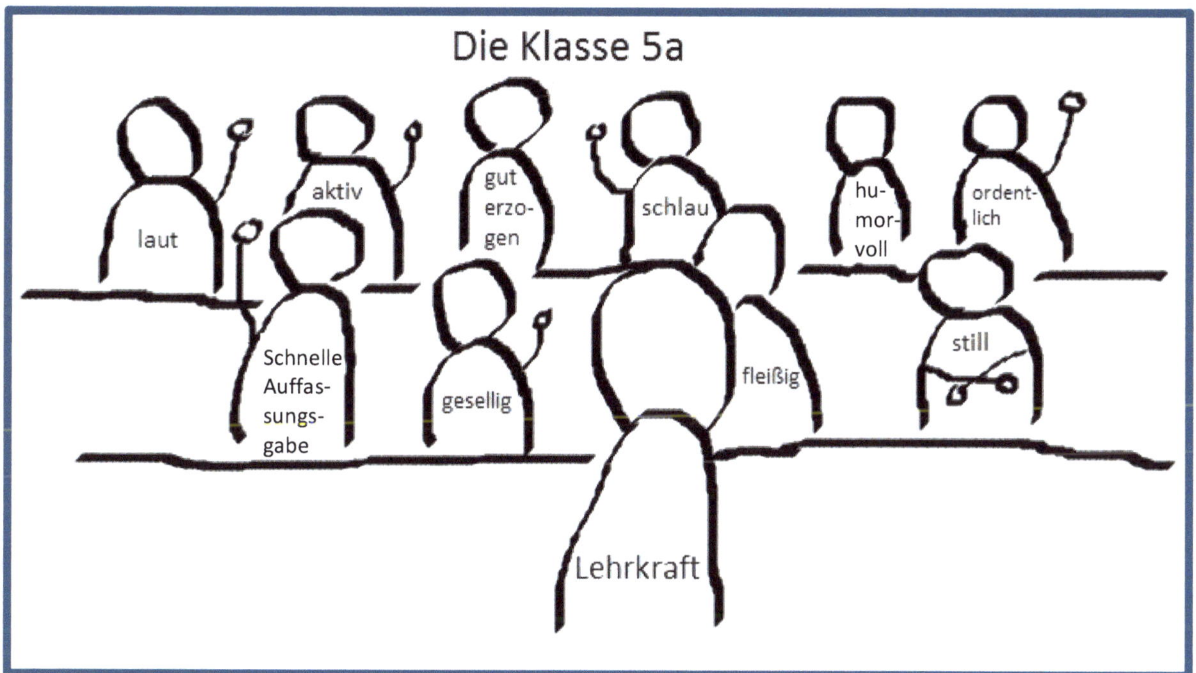

Graphik © Frederic Bonin

Der Umgang mit verschiedenen Rollen und Erwartungen im Praxissemester

Elvira Schönke

Einleitung

Die folgende Reflexion über einen Teil meiner Erfahrungen im Praxissemester beginnt mit der Darstellung einer Ausgangssituation im Kontext Schule, die die Themenwahl veranlasst hat. Nach der Problematisierung folgen theoretische Überlegungen, die mit der Ausgangssituation verknüpft werden und Konsequenzen für Handlungsalternativen finden lassen. Die dargestellte Reflexion geht von eigenen Erfahrungen aus, bezieht aber zur Erklärung auch Situationen ein, die ich bei anderen Studierenden beobachtet habe.

Darstellung der Situation

In meinem Praxissemester habe ich mehrfach festgestellt, dass ich den Erwartungen, die an mich gestellt wurden, nicht gerecht werden konnte, entweder, weil ich sie nicht erkannte, oder aber, weil es miteinander konkurrierende Erwartungen gab, die ich nicht problemlos miteinander vereinbaren konnte. Diese Situation, die die Grundlage der weiteren Reflexion ist, bezieht sich nicht auf eine Unterrichtsstunde, sondern auf einen längeren Zeitraum zu Beginn des Praxissemesters.

Das Praxissemester gilt als Brücke zwischen Theorie und Praxis. Damit ist es gewissermaßen eine neue Situation für Lehramtsstudierende. Zwar ist es für die meisten und auch für mich nicht die erste Praxisphase, dennoch gibt es neue Anforderungen, da z. B. mehr und über einen längeren Zeitraum unterrichtet wird und wegen des fortgeschrittenen Studiums die gestellten Ansprüche höher sind. Wenn das Lehramtsstudium direkt an das eigene Abitur anschließt, muss erst ein Wechsel zwischen der Schüler- und der Lehrerrolle vollzogen werden. Als ich das Praxissemester im Master absolvierte, nachdem ich im Laufe des Bachelorstudiums bereits drei weitere Praktika gemacht hatte, hatte ich mich auf jeden Fall von der Schülerrolle entfernt. Dies habe ich daran gemerkt, dass ich im Umgang mit Schülern die Perspektive des Lehrenden eingenommen habe, auch wenn es nicht mein eigener Unterricht war. Das heißt aber nicht, dass ich schon vollständig die Lehrerrolle einnehmen konnte. Denn Studierende im Master sind noch keine voll ausgebildeten Lehrkräfte – und auch keine Referendare – mit den gleichen Aufgaben und der gleichen Verantwortung, sondern nehmen sie Schritt für Schritt in einem begrenzten Umfang wahr. Was genau diese Aufgaben sind und wie sie wahrgenommen werden, ist allerdings nicht ganz klar definierbar, da verschiedene Erwartungen und Ansprüche aus verschiedenen Perspektiven existieren. So kann es Unstimmigkeiten über die einzunehmende Rolle geben und das Rollenhandeln muss möglichst schnell und reibungslos angepasst werden.

Am Praxissemester sind drei Institutionen beteiligt: die Schule, die Universität und das Zentrum für schulpraktische Lehrerbildung (ZfsL). Jede Institution hat einen Verantwortungsbereich, jedoch können sie sich auch überschneiden. Daraus entsteht ein natürliches Konfliktpotential. So habe ich z. B. erlebt, dass Erwartungen, die von Dozentinnen und Dozenten der Universität oder von den Verantwortlichen des ZfsL an guten Unterricht gestellt werden, nicht von betreuenden Lehrerinnen und Lehrern in der Schule geteilt wurden oder nicht immer praktisch umsetzbar waren. Auch die Vorstellungen über die Studienprojekte gingen an einigen Stellen auseinander, sodass ein gemeinsamer Konsens gefunden werden musste. Dies ist keine dramatische, sondern eine durchaus natürliche Situation, die jedem immer wieder im

Berufs- und Privatleben begegnet. Um daraus jedoch keine Konflikte mit negativen Folgen entstehen zu lassen, ist es wichtig, diese Situationen zu reflektieren und begründete Entscheidungen für das eigene Handeln zu treffen.
Hinzu kommt, dass ich mein Praxissemester in dem zweiten Durchgang, den es überhaupt gab, absolviert habe. So gab es in allen Institutionen bereits erste Erfahrungen mit der praktischen Umsetzung, der Umgang war aber noch nicht so eingespielt, wie mit anderen Praktika oder dem Vorbereitungsdienst. Es ist daher möglich, wenn auch nicht zwingend, dass die Erfahrungen aus den ersten Durchgängen von den am Praxissemester beteiligten Personen verallgemeinert und in Erwartungen an die zukünftigen Studierenden umgewandelt wurden. Ein Beispiel kann sein, dass die Studierenden im ersten Durchgang nur Befragungen für ihre Studienprojekte durchgeführt haben und so in der Schule eine Abneigung gegen Befragungen oder die Studienprojekte allgemein entstanden ist. Wollen Studierende des zweiten Durchgangs ebenfalls Befragungen durchführen, kann es sein, dass diese Forschungsmethode nicht gerne gesehen wird und sie neu planen müssen. Ebenfalls denkbar ist die Situation, dass das Verhalten und die Fähigkeiten von den Studierenden des ersten Durchgangs unbewusst verallgemeinert werden und die Erwartungshaltung von Beteiligten aus den drei Institutionen beeinflussen. Werden diese Erwartungen nicht erfüllt und wird die entsprechende Rolle nicht eingenommen, kann ein Konflikt entstehen.
Außer den Erwartungen der Dozentinnen und Dozenten der Universität, der betreuenden Lehrerinnen und Lehrer an der Schule und der Seminarleiterinnen und -leiter vom ZfsL kommen weitere möglicherweise divergierende Aspekte hinzu: das theoretische Wissen aus dem Studium und damit verbundene Vorstellungen von Unterricht, die Schwerpunkte, die man sich für seine eigene Kompetenzentwicklung gesetzt hat, institutionelle Vorgaben wie der Kernlehrplan und nicht zuletzt die Erwartungen, die Schülerinnen und Schüler haben.

Problematisierung

Die Erwartungen der erwähnten Akteure beeinflussen in unterschiedlichem Maß die eigene Handlung und können dabei miteinander konkurrieren, wie an Beispielen veranschaulicht wurde. Dabei stellen sich einige Fragen: Kann ich allen Erwartungen gerecht werden? Welchen Erwartungen werde ich gerecht, wenn sie sich nicht alle miteinander vereinbaren lassen? Gibt es eine Entscheidungshilfe?
Dieses Problem stellte sich mir, vor allem, wenn ich merkte, dass ich bestehenden Erwartungen nicht gerecht werden konnte. Im Vorbereitungsdienst tritt das Problem konkurrierender und einander widersprechender Erwartungen ebenfalls auf und auch als voll ausgebildete Lehrkraft muss man sich ihnen noch stellen. Hinzu kommen dann noch verstärkt die Erwartungen der Schulleitung, der Kolleginnen und Kollegen und der Eltern. Die Auseinandersetzung mit rollentheoretischen Überlegungen ist daher nicht nur für das Praxissemester relevant. In der folgenden Darstellung sollen Antworten auf die oben gestellten Fragen gefunden werden, die Handlungsoptionen und -alternativen für ähnliche Situationen darstellen.

Theoretischer Rahmen

Soziale Rollen, wie auch die Rolle eines Studierenden im Praxissemester, können definiert werden als „Bündel von Erwartungen, die sich in einer gegebenen Gesellschaft an das Verhalten der Träger von Positionen knüpfen" (Dahrendorf 2006, S. 37). Nach Krappmann sind unter Rollen „sozial definierte und institutionell abgesicherte Verhaltenserwartungen zu verstehen, die komplementäres Handeln von Interaktionspartnern ermöglichen" (Krappmann 1975, S. 98). Das „Spielen" oder Erfüllen einer Rolle ist also die Reaktion auf die Erwartungen, die an ein Individuum herangetragen werden. Um Rollenhandeln zu untersuchen und die Theorie für die Reflexion zu nutzen, bieten sich mehrere Modelle an. Im Folgenden betrachte ich zuerst ein konventionelles Konzept für optimale Interaktion in Rollen, um damit ein grundlegendes Verständnis für Rollenhandeln zu bekommen. Danach stelle ich in Abgrenzung dazu das interaktionistische Rollenmodell nach Krappmann vor, das sich für die Situation im Praxissemester besser eignet, wie gezeigt werden soll. Zur Veranschaulichung führe ich jeweils Situationen aus dem Praxissemester an.

a) Das konventionelle Rollenkonzept

Das konventionelle Rollenkonzept ist unter anderem auf Parson zurückzuführen (vgl. Parson 1955). Krappmann fasst es in sechs Bedingungen für erfolgreiches Rollenhandeln zusammen (vgl. Krappmann 1977, S. 411ff.):
Zuerst müssen die Rollennormen und deren Interpretation durch die Rolleninhaber übereinstimmen (vgl. ebd., S. 411). Im Fall des Praxissemesters heißt dies zum Beispiel, dass ich die Aufgaben übernehmen muss, die von mir erwartet werden, die geforderte Anzahl an Stunden leiste etc. Es kann in der Praxis aber auch der Fall eintreten, dass ich bei weniger klar definierten Erwartungen, wie etwa in Situationen des Klassenmanagements, meine Rolle anders interpretiere als der bzw. die im Unterricht mit mir anwesende Lehrende. Solche Situationen sind nicht selten, sodass diese erste Bedingung nicht immer erfüllt ist und leicht ein Konflikt entstehen kann.
Eine zweite Bedingung ist, dass das Individuum sich nur an einer Rolle orientiert, auch wenn es mehrere Möglichkeiten gibt. Dadurch sollen Konflikte vermieden werden (vgl. ebd., S. 411f.). Wenn sich der Praktikant bzw. die Praktikantin also gemäß den Erwartungen einer Person an der Schule verhält, ist optimale Interaktion mit ihr gesichert. Allerdings sind nicht an allen Interaktionen nur zwei Personen beteiligt, sodass die Konformität mit einer Rolle anderen Erwartungen widersprechen kann. Hier stößt das Modell also auch schnell an Grenzen.
Eine dritte Bedingung, die Krappmann nennt, ist die gegenseitige Übereinstimmung der Rolleninterpretationen. Wenn beide Interaktionspartner eine Rolle gleich interpretieren, werden Konflikte eher vermieden (vgl. ebd., S. 412). Besteht also z. B. Konsens zwischen dem Mentor bzw. der Mentorin an der Schule und dem bzw. der Studierenden über die Selbstständigkeit der Unterrichtsplanung, wird erfolgreiches Rollenhandeln gesichert.
Die vierte Bedingung ist, dass die Bedürfnisse des Individuums den institutionalisierten Wertvorstellungen der Gesellschaft entsprechen (vgl. ebd.). Im Fall von Studierenden im Praxissemester kann das heißen, dass optimales Rollenhandeln gelingt, wenn ihre Wertvorstellungen denen ihrer Interaktionspartner in der Schule, der Universität und dem ZfsL entsprechen. Je stärker sich das Individuum an die Rollennormen hält, desto wahrscheinlicher ist es, dass seine Bedürfnisse auch erfüllt werden. Wenn es sich selber nicht an die Konventionen hält, so ist es nicht mehr sicher (vgl. ebd.). Im Praxissemester kann dies heißen, dass Studierende ihre Aufgaben von der Schule, dem ZfsL oder der Universität erfüllen müssen bzw. ihre Erfüllung anstreben müssen, um z. B. Unterstützung zu erhalten oder überhaupt die Möglichkeit zu bekommen, weitere Aufgaben zu erfüllen. Diese Bedingung ist leicht nachvollziehbar, dennoch kann auch sie unter konkurrierenden Erwartungen schnell nicht mehr gegeben sein.
Die letzte Bedingung für erfolgreiches Rollenhandeln im konventionellen Rollenmodell ist, dass Rollennormen automatisch erfüllt werden, und zwar in dem Bewusstsein, es freiwillig zu tun. Dadurch werden Beziehungen gesichert. Wird das Rollenhandeln als Pflicht empfunden, so kann es schneller zu einem Konflikt kommen (vgl. ebd., S. 413).
In allen Punkten wird vorausgesetzt, dass die Rollennormen dem Individuum bekannt sind. Es kann diese jedoch erst kennen lernen, indem es am Rollensystem teilnimmt (vgl. ebd., S. 414). Erwartungen müssen also erfüllt werden, bevor sie ganz bekannt sind, sodass es unmöglich

ist, schon von Anfang an alle Erwartungen zu erfüllen. Das Erlernen geschieht außerdem nicht dadurch, dass Personen als Vorbild dienen. Z. B. kann im Praxissemester nicht eine Lehrkraft als Vorbild für die Rolle eines Studierenden dienen, da sie in einer anderen Rolle ist und andere Erwartungen an sie gestellt werden. Stattdessen wird durch Beziehungssysteme gelernt, also durch Beobachtung und Teilnahme an der Interaktion und die Reflexion der gestellten Erwartungen.

Offensichtlich liegen dem konventionellen Rollenmodell theoretische Annahmen zugrunde, die in der Praxis nicht gegeben sind. Krappmann weist darauf hin, dass selbst Parson es nur als Modell und nicht als Realität ansieht (vgl. ebd., S. 411). Ein Hauptkritikpunkt am konventionellen Modell ist, dass der Regelfall der täglichen Interaktion in Rollen dadurch charakterisiert ist, dass „die Rollenspieler auf unklare und inkonsistente Erwartungen stoßen, die zudem mit ihren Bedürfnispositionen sich keineswegs decken" (ebd., S. 416). Erwartungen können also häufig nicht erfüllt werden, weil sie nicht klar definierbar sind und es für viele Rollen keine eindeutigen Normen gibt. Z. B. kann eine betreuende Lehrkraft im Praxissemester ihre Vorstellungen von gelungenem Klassenmanagement haben, dennoch ist in einer konkreten Situation nicht klar, welches Vorgehen das Richtige ist, um zu dem klar definierten Ziel zu kommen.

Offensichtlich kann auch nicht davon ausgegangen werden, dass sich die Wertvorstellungen des Individuums immer mit denen der Gesellschaft decken. So kann jeder Studierende im Praxissemester seine eigenen Schwerpunkte und Ziele gesetzt haben. Oder er setzt sich in seinem Studienprojekt mit einem Thema auseinander, dass für die beteiligten Personen an der Schule nicht von Interesse ist und auch nicht denen der anderen Studierenden ähnelt. Damit ist mindestens eine Bedingung für erfolgreiches Rollenhandeln nicht gegeben. Außerdem ist die Beschränkung auf eine Rolle oft nicht möglich, wie in der zweiten Bedingung vorausgesetzt wird. Da, wie bereits erwähnt, Studierende im Praxissemester drei Institutionen verpflichtet sind und weitere Erwartungshaltungen hinzukommen, ist es nötig, mehreren Rollen zu entsprechen oder sie in einer Rolle zu vereinigen. Im interaktionistischen Rollenmodell von Krappmann, das folgend dargestellt wird, sollen diese Kritikpunkte berücksichtigt werden.

b) Interaktionistisches Rollenmodell nach Krappmann

Das interaktionistische Rollenmodell ist offener und ermöglicht und erfordert mehr Flexibilität als das konventionelle Modell. Krappmann formuliert wiederum sechs Bedingungen für erfolgreiches Rollenhandeln:

Die erste Voraussetzung ist, dass Rollennormen Interpretationsspielraum lassen müssen (vgl. Krappmann 1977, S. 417). Was im ersten Modell ein Problem darstellen würde, ist hier also eine Chance. Eine Abweichung kann hier nicht so schnell geschehen, da der Rahmen nicht so eng ist. Wird mehr Handlungsspielraum und Individualität zugelassen, können Konflikte vermieden werden. Dies ist im Praxissemester dringend notwendig, da nicht von allen Studierenden und allen weiteren Beteiligten Gleiches erwartet werden kann.

Die zweite Bedingung ist, dass vom Individuum nicht nur die aktuell gespielte Rolle gezeigt wird, sondern dass es auch weitere Rollen hat (vgl. ebd.). Geht es also im Gespräch mit Dozentinnen und Dozenten der Universität um die Durchführung des Studienprojektes, so muss gleichzeitig klar sein, dass auch vonseiten der Schule Erwartungen an die Studierenden gestellt werden, die sich nicht immer problemlos mit denen der Universität vereinbaren lassen.

Weiterhin muss vorausgesetzt werden, dass absoluter Konsens über die Interpretation einer Rolle nicht nur nicht besteht, wie die erste Bedingung voraussetzt, sondern auch nicht bestehen muss (vgl. ebd.). Falls also im Praxissemester unterschiedliche Meinungen über die Rolle des Studierenden bestehen, muss nicht ein gemeinsamer Konsens angestrebt werden, sondern Details können offen bleiben. Wichtig wäre aber, die unterschiedlichen Erwartungen so

weit wie möglich zu reflektieren, um den Handlungsrahmen abzuschätzen zu können, in dem man als Praktikantin oder Praktikant agiert.
Im Gegensatz zum konventionellen geht das interaktionistische Modell auch nicht davon aus, dass das Individuum in seinen Vorstellungen und Bedürfnissen denen der Gesellschaft entspricht, sondern davon abweichen kann. Damit entsteht eine gewisse Unklarheit, sodass als fünfte Bedingung gewährleistet sein muss, dass Rollenpartner auch dann interaktionsfähig bleiben, wenn ihre Bedürfnisse nicht vollständig gedeckt werden (vgl. ebd.). Für Studierende im Praxissemester kann das z. B. bedeuten, dass sie ihre Unterrichtstätigkeit fortsetzen, obwohl sie nicht immer die Unterstützung bekommen, die sie ihrer Meinung nach brauchen. Es gehört also dazu, sich auch auf Ungewissheiten einzulassen.
Als letzte Grundbedingung erwähnt Krappmann, dass diejenigen Institutionen als stabil betrachtet werden müssen, die ihren Mitgliedern Interpretationsspielraum lassen und ihnen damit ermöglichen, ihre eigenen Bedürfnisse zu erfüllen (vgl. ebd.).
Dieses Modell ist zwar flexibler und setzt mehr Flexibilität voraus, dennoch sind die Handlungsspielräume der Interaktionspartner begrenzt und das Rollenhandeln muss immer weiter optimiert werden. Um sich den Erwartungen des jeweils anderen immer weiter anzunähern, gehören zum Rollenhandeln zwei Tätigkeiten: das *role taking* und das *role making*. Das *role taking* besteht darin, dass das Individuum die Erwartungen des Interaktionspartners vorwegnimmt und als Rolle ausführt. Dies reicht jedoch nicht aus, da er damit nur die Rolle „spielt“. Unstimmigkeiten dieser Rolle müssen im *role making* von dem Individuum ausgeglichen werden, sodass die übernommene Rolle den Gegebenheiten und der eigenen Person angepasst wird. Dieser zweite Schritt gelingt nur durch ausreichende Reflexion des Individuums über mögliche Erwartungen, Unstimmigkeiten und eigene Bedürfnisse. Das *role taking* und das *role making* stellen einen Balanceakt zwischen Anpassung und Individualisierung dar (vgl. ebd., S. 419), sodass einerseits Erwartungen erfüllt werden, andererseits aber auch eigene Bedürfnisse befriedigt werden können.
In den bisher dargestellten Aspekten werden Konflikte zunächst ausgeschlossen. Dennoch können sie auftreten, wenn sich das Individuum zwischen unterschiedlichen oder sogar widersprüchlichen Rollenerwartungen sieht. Um mit diesen produktiv umgehen zu können, sind nach Krappmann vier Fähigkeiten von Bedeutung: Rollendistanz, Empathie, Ambiguitätstoleranz und Identitätsdarstellung. Rollendistanz bezeichnet die Fähigkeit, Erwartungen und Bedürfnisse von einem übergeordneten Standpunkt her zu betrachten und zu reflektieren (vgl. Krappmann 1975, S. 133). Empathie ist vor allem beim *role taking* von Bedeutung, da dabei Erwartungen erkannt, interpretiert und erfüllt werden müssen, ohne dass sie explizit bekannt sind (vgl. ebd., S. 142). Durch Ambiguitätstoleranz, die dritte Fähigkeit, wird es dem Individuum möglich, unbefriedigte Bedürfnisse und widersprüchliche Erwartungen auszuhalten und dennoch weiterhin zu interagieren (vgl. ebd., S. 150f.). Identitätsdarstellung schließlich bezeichnet die Fähigkeit, die Identität im Interaktionsprozess sichtbar werden zu lassen (vgl. ebd., S. 168). Den Interaktionspartnern muss deutlich werden, dass die Handlung nicht allein das Ergebnis von Anpassung an die Gegebenheiten ist, sondern die eigene Identität behauptet wird. Dabei kommt vor allem der Sprache eine große Bedeutung zu, da durch sie Erwartungen transportiert und Probleme gelöst werden können (vgl. ebd., S. 12).

Theoriegeleitete Analyse und Konsequenzen

Mithilfe dieser theoretischen Überlegungen lassen sich die allgemeine und meine eigene Situation im Praxissemester analysieren. Zunächst einmal ist ausgehend von der Kritik am konventionellen Rollenmodell mit Blick auf die Situation im Praxissemester zu schließen, dass trotz einiger feststehender Rollenerwartungen, wie z. B. der Verpflichtung zum Unterrichten,

zu den Studienprojekten und den Hospitationen, viele Erwartungen nicht explizit definiert werden können. Gründe dafür sind z. B. die unterschiedlichen Voraussetzungen der Studierenden und die Vielzahl an Situationen im Unterricht, die nicht geplant werden können. Widersprüchliche Erwartungen können nicht völlig vermieden werden, jedoch fehlte mir am Anfang das Bewusstsein über die Bedeutung der Erwartungen, sodass ich nicht ausreichend auf die Konflikte zwischen ihnen und meinen Bedürfnissen vorbereitet war und ihnen deshalb auch nicht entsprechend begegnen konnte.
Dennoch ließen sich einige der Unklarheiten über die einzunehmende Rolle vermeiden, indem über Erwartungen, Einstellungen und Bedürfnisse kommuniziert wurde bzw. werden sollte. Die Kommunikation habe ich im Laufe des Praxissemesters verstärkt, was zu besserem Rollenhandeln und zur Erfüllung von Erwartungen führte. Die Kommunikation musste nicht explizit die Erwartungen zum Gegenstand haben, sondern konnte sich z. B. auch um Erfahrungen und Einstellungen zum Unterricht drehen, wodurch implizit relevante Informationen für das Rollenhandeln vermittelt wurden.
Eines der Ausgangsprobleme war, dass sich einige Rollenerwartungen widersprachen und ich deshalb in Konfliktsituationen entscheiden musste, welchen Erwartungen ich gerecht werden will. Um in solchen Situationen selbst bei der richtigen Entscheidung die verbleibenden Widersprüche „aushalten" zu können, ist Ambiguitätstoleranz wichtig. Diese lässt sich dadurch stärken, dass man das Bewusstsein hat, die richtige Wahl getroffen zu haben. Dies wiederum setzt tragfähige Kriterien voraus. Schicht und Weyland stellen zwei Modelle vor, nach denen entschieden werden kann (vgl. Schicht / Weyland 2014, S. 48f.):
Das erste ist die Unterscheidung in *Muss-*, *Soll-* und *Kann-Erwartungen* nach Schimank. Die Autorinnen weisen darauf hin, dass diese Unterscheidung im Praxissemester nicht trennscharf vorgenommen werden kann, dennoch lassen sich Beispiele für jede Kategorie finden: Als *Muss-Erwartungen* können die zu erreichenden Standards in der Lehrerausbildung, die mit dem Praxissemester verbundenen Prüfungsleistungen und Studienprojekte und die Hospitationen angesehen werden. Zu den *Soll-Erwartungen* lassen sich z. B. die theoretischen Grundlagen und Anforderungen an Unterricht zählen, da sie zunächst zweitrangig sind, aber möglichst erfüllt werden sollten. Zu den *Kann-Erwartungen* gehören dann Ziele, die man sich für die eigene Kompetenzentwicklung gesetzt hat, z. B. eine verbesserte Führung des Unterrichtsgesprächs, oder Ideen, die man im Unterricht umsetzen möchte.
Die Unterscheidung, die Schicht und Weyland von dieser ersten Unterteilung ableiten, ist die in *Anforderungen* und *Erwartungen, Wünsche und Vorstellungen.* Als *Anforderungen* werden die verbindlichen, festgeschriebenen Erwartungen bezeichnet; individuelle, implizite und nicht festgeschriebene Erwartungen gehören zu der zweiten Kategorie. Diese Unterscheidung ist leichter und im Zusammenhang mit dem Praxissemester sinnvoller, da sich *Soll-Erwartungen* nur schwer klassifizieren lassen (vgl. Schicht / Weyland 2014, S. 48). Im Konfliktfall sollte die Entscheidung für die Erfüllung der einen oder anderen Erwartung auf jeden Fall nach diesen möglichen Abstufungen der Verbindlichkeit getroffen werden, um sie für sich selber und möglicherweise auch weitere Beteiligte ausreichend begründen zu können. In der Rückschau sehe ich weniger ein Problem darin, dass ich Erwartungen falsch gewichtet habe, sondern dass ich sie nicht bewusst in diese Kategorien eingeordnet habe, was die Toleranz von Konfliktsituationen sicher vergrößert hätte.
In der Reflexion des Praxissemesters kann ich auch sehen, wie ich das *role taking* und *role making* über die Zeit hinweg verbessert und mein Rollenhandeln an die Erwartungen angepasst habe. Dennoch hätte dies von Anfang an bewusst geschehen können. Die erwähnte Rollendistanz ist dazu nötig, um eigene und auch fremde Erwartungen erkennen und einordnen zu können und so das *role making* möglichst zielführend tun zu können. Da das Praxis-

semester nicht, wie die Ausbildung an der Universität, alleine auf die Studierenden ausgerichtet sein kann, sondern in der Schule stattfindet, in der es vorrangig um andere Ziele geht, müssen herangetragene Erwartungen und Rollen erfüllt werden, um das System nicht zu belasten. Daher ist das *role taking* hier besonders wichtig.

Fazit

Wie in der Problematisierung bereits dargestellt, tauchen widersprechende Erwartungen und Rollen nicht nur im Praxissemester, sondern auch im weiteren Berufsleben auf. Daher ist es sehr sinnvoll, Situationen aus dem Praxissemester theoriegeleitet zu reflektieren und Handlungsalternativen zu finden. Mir persönlich hat die Reflexion des Rollenhandelns und des Umgangs mit Erwartungen gezeigt, dass ich zwar wiederholt im Sinne der dargestellten theoretischen Überlegungen gehandelt habe, diese mir aber nicht bewusst waren. Ein bewusstes Handeln nach den rollentheoretischen Grundlagen hätte vermutlich zu einem erfolgreicheren und selbstbewussteren Rollenhandeln geführt. Die Schlussfolgerungen dieser Reflexion und darüber hinaus das verstärkte Bewusstsein über die Bedeutung der Reflexion im Lehrerberuf sollen auch in meinem weiteren Professionalisierungsprozess handlungsleitend sein, da nur so der Blick für Problemlagen und Optimierungsmöglichkeiten geöffnet wird.

Literatur

DAHRENDORF, R. (2006): Homo sociologicus. Ein Versuch zur Geschichte, Bedeutung und Kritik der Kategorie der sozialen Rolle. Wiesbaden.

KRAPPMANN, L. (1977): Neuere Rollenkonzepte als Erklärungsmöglichkeit für Sozialisationsprozesse. In: GÖTZ, B. (Hrsg.): Erziehungswissenschaft und Soziologie. Darmstadt, 409-434.

KRAPPMANN, L. (1975): Soziologische Dimensionen der Identität. Strukturelle Bedingungen für die Teilnahme an Interaktionsprozessen. Stuttgart.

PARSON, T. (1951): The Social System. London.

SCHICHT, S. / WEYLAND, U. (2014): Von der Rolle – Studierende im Spannungsfeld unterschiedlicher Erwartungen. In: SCHÜSSLER, R. / SCHWIER, V. u. a. (Hrsg.): Das Praxissemester im Lehramtsstudium: Forschen, Unterrichten, Reflektieren. Bad Heilbrunn, 43-61.

Foto © Frederic Bonin